交わらないリズム

出会いとすれ違いの現象学

村上靖彦

青土社

交わらないリズム　目次

目次

プレリュード――リズムとしての生　009

第I部　ポリリズムとしての人間　025

第1章　中井久夫と生活のポリリズム　033
1　リズム一元論かつ多元論　033
2　リズムの場　039
3　運と偶然　043

第2章　木村敏と音楽――対人のポリリズム　047
1　「音の河」とからっぽの「心の中」　047
2　アンテ・フェストゥムからポリリズムへ　053
3　あいだ――深層のポリリズムから表層のポリリズムへ　058

第3章　居場所とリズムのゆるみ――065
1　居場所と無為――065
2　居場所のリズム――070
3　居場所と内包的な空間構造――081

第Ⅱ部　身体の余白と出会いのタイミング――089

第4章　ポリリズムを生む身体の余白――芥川龍之介「藪の中」――093
1　状況の穴とナラティブの錯綜――093
2　「藪の中」前半、〈藪の外〉の分析――095
3　後半〈藪の中〉の殺人現場の分析――099

第5章　リズムが組みかわるタイミングについて――ある精神科病棟でのバンド・セッション――113
1　移行対象とポリリズム――113
2　ある精神疾患患者とピアノ――114
3　ポリリズム、タイミングと対人関係の再編成――132

第6章　変化の触媒としての支援者――147
1　予後告知と状況の変化の触媒としての支援者――147
2　変化のタイミングと変化の支点――152
3　変化の触媒――157

第Ⅲ部　メロディーについて　163
第7章『うたのはじまり』　165
1　子守唄の始まり　165
2　声　170
第8章　歌によって人とつながる——ルソー、メロディーとしての人間　177
1　ラモーとペルゴレージ　177
2　歌によって人はつながる　182
3　模倣——人間の誕生　186
4　〈生〉の次元としてのメロディー　192
第9章　独りになるための歌——ジャン・ジュネ　197
1　歌とは何か　197
2　歌の条件　204
3　歌——二人になることで独りになる技術　209
第Ⅳ部　ポリリズムの哲学　217
第10章　現象学をベルクソン化する——現象学的な質的研究（ＰＱＲ）の方法　219
1　現象学的な質的研究（ＰＱＲ）とリズム　219

2　イマージュと現象――228
3　個別事例によってたつ真理――触発と潜在性の地平――237

第11章　カオスからリズムが生まれる――マルディネとリズムの存在論――245
1　カオスに降りる――245
2　形を作る――258
3　形の産出の基点となる「そこ」／出来事の場としての「そこ」――262

コーダ――271
あとがき――本書が論じなかったもの――277

初出一覧――xi
参考文献――iv
索引――i

交わらないリズム　出会いとすれ違いの現象学

プレリュード――リズムとしての生

人間はリズムに貫かれている

子どものころから音楽が好きだったためか、私は音楽から事象を考える癖がある。哲学研究の訓練を受け、医療福祉現場の質的研究を行うようになったいまでも、気がつくと音楽のメタファーを用いて考えていることが多い。

しかし音楽は本当に単なるメタファーなのだろうか。リズムやメロディー、ハモるかハモらないか、タイミングが合うか合わないか、(出番で入りそこねて)落ちる、息がもたない、抑揚、歌う、精緻さ、といった楽器を練習していたときに意識していたことは、もしかすると音楽を奏でることだけでなく人間の経験の骨組みを表しているのではないだろうか。そもそも人間の経験は音楽的に組み立てられているのではないか。だからこそあらゆる文化は音楽を生みだしたのではないか。

人間はリズムに貫かれている。本書は、私が長年医療や福祉の現場で教わったことを哲学の問いとして引き受け、リズムとメロディーという切り口から行為と出会いについて論じた書物である。今回はインタビューだけでなく、小説や手記や絵画といったさまざまな例を用いたい。

自分の生活も他の人たちとの出会いも、さまざまに異なるリズムが折り重なったものであろう。たとえば人との付き合いのなかで、相性の善し悪しや、波長が合うことや行き違いはつねにあるが、それはリズムが合う合わないということでもある。多くの日本語の慣用句もリズムと関わり、たとえば「馬が合う」「拍子抜け」といったものが思い浮かぶ。「息が合う」「一息入れる」「息が詰まる」というように、「息」にまつわる表現は、対人関係や生活のリズムと関わることが多い。リズムを論じた中井正一（1900-1952）は、「間が合う、間がはずれる、間が抜ける、間がのびる」ことに注目した（中井 1981/1995 108）。あるいは自分のリズムと、社会から要請されるテンポが合わなくて、日常がうまく過ごせないということもある。気ばかり焦るが体が一向に動かないというときも、自分のなかでリズムがずれている。つまり他の人とのあいだでも自分のなかでも、リズムがぎくしゃくすることがある。言い換えると、リズムは単数ではない。リズムは複数の線が絡み合ったポリリズムとして生じる。

たとえば、最近私はある小学校の授業を見学する機会があった。生活困難な家庭や、外国籍の子どもが多数所属する学校で、普通級のなかに特別支援の配慮を必要とする子どもも数人いるクラスである（つまりクラスの背景にある状況もまたポリリズムである）。「いちばん大変なクラス」と紹介されて初めて見学したときには大きな混乱のなかにあった。そもそも校舎の玄関をくぐったところで「授業中なのに廊下で競走をしてる子がいるな」と思って二人の生徒を見ていたら、実はそのクラスの生徒だったのだ。国語の授業のはずだったが、三人の子どもが教室から出たり入ったり、あるいは床に寝転んでいた。他の子どもも騒々しく、担任からの質問に答える声が雑談でかき消される状態だった。このようなときにはそれぞれの子どもがもつリズムがばらばらであり、クラス全体としてはカオスあるいは文字通りのノイズとなる。

ところが一ヶ月後に訪れてみると、前回立ち歩いていた子どもたちも机に向かい、一生懸命作業をしていた（図工の時間だった）。先日廊下で走っていた二人も不器用なのでイライラしながらであったがそれでもクラスの流れと無関係の行動を取るわけではなかった。校長先生に理由をたずねてみると、一ヶ月のあいだ、担任と副担任が丁寧にその子たちにつきそって語りを聴き取ってきたことが大きいようだった。図工のクラスは比較的自由で、全員が思い思いに工作を進めながらときどき周りの友だちと集まって話しているが、前回とは異なり、状況が把握できないカオスではない。二、三人が集まって自由な会話がメンバーを変えつつ行われても、クラス全体が一つのメロディーを変奏しながら奏でているように、工作をするというテーマは保たれていた。授業が終わるころには、多くの子どもの課題が完成していた。さまざまなリズムが変化しながらも統一されたクラスの流れを作る。ばらばらになることもあれば、調和することもある運動がポリリズムである。

世界はさまざまなリズムがからみあって流れを作っている。それだけではない。一人ひとりの経験も多様なリズムがきしみ合い響き合っている。私が人の生活を貫いているポリリズムに気がついたのは、看護師の聴き取りを始めてからだった。
例にあげるのは、拙著『摘便とお花見』からの引用だ。末期がん患者が死の接近に気づく場面についてある看護師は次のように語った。

〔手に持ったペットボトルをインタビュアーに見せながら〕この重みがでてきて、足の重みもあるんだけど、この重みがまず勝ってる。で、**だんだん**自分で買いに行くことが出来なくなるっていうような、その、毎日毎日それをお話してくださるんですね。なので、〔…〕そういうお話をし始めた方っていうのは、必ずお話ししたい方なんですよ。はい。**じっくりじっくり**聴いていくと。そういうできなくほんとに毎日少しずつできなくなるっていうご経験をしていくなかで、**どんどんどんどん**死っていうのが近づいてくる、自分に。…だからその怖さがあるんですね。自分のことが出来なくなるっていう怖さもあるんですけど、それと同時に死も**どんどん**近づいてくるっていう怖さがあって、自分自身ができることは**だんだん**奪われていくって、奪われていくっていうお話をしながら、死についてのお話をされる方が多い…ですね。（村上『摘便とお花見』224）

この場面では、患者が「だんだん」と体の衰えを感じるとともに、「どんどんどんどん」死が近づいてきていることを実感している。そして「だんだん」と衰える感覚から「どんどん」近づいてくる死への実感は、「じっくりじっくり」という聴き手の態度によって顕わになっていく。「だんだん」という体の内側から感じられる衰弱の、ゆっくりしたしかし本人には予測不可能なリズム、「どんどん」というどこか外からやってくる「死」の足早なリズム（それにしても死はどこからくるのか？）、そして両者を媒介する看護師の構えが持つ「じっくり」というリズムがこの一つの場面では同時に折りたたまっている。死を前にして患者の体験を構成する「どんどん」と「だんだん」というポリリズムは、対話者の「じっくり」というリズムにおいて顕わになるのだ。つまりこの小さな場面ですら複数の異質なリズム――ポリリズムが折り重なることでできあがっている。

「初めにリズムありき」と指揮者ハンス・フォン・ビューロー（1830-1893）は語ったという。[1]本書では「人間とはリズムである」と主張していく。人間の経験はリズムとして始まり、ポリリズムとして組織化されるということを一冊の本を通して考えていきたい。

リズムの語源と定義

リズムという言葉について、まず言語学者エミール・バンヴェニスト（1902-1976）の議論を確認しておこう。バンヴェニストは『一般言語学の諸問題』に収められた「言語学的な表現のなか

1 Maldiney, H (1973/1994). *Regard Parole Espace*. Lausanne: L'age d'Homme.

での『リズム』の観念」において、ギリシア語におけるリュトゥモス ῥυθμός（rhythmos リズム）の語源を検討し、奇妙な緊張関係を発見している。もともとは「流れる：レオー reo」という動詞を語源とすると言われるのにも関わらず、紀元前七世紀から五世紀にかけてのリュトゥモスの用例を枚挙した上で、流れではなく「形」という意味で使われていることを確認した。リュトゥモスはどうも「形」を表すスケーマ schema と同義語のように見えるのである。

しかし、-(th) mos という接尾語が、変化するものの「特定の」状態を示すことから、リュトゥモスとスケーマの区別がつく。スケーマが固定した対象の把握という意味を持つのに対し、リュトゥモスは「動くもの、うつろいゆくもの、流れるものに想定される瞬間の形」「流れるものの形」「常に変化する配置 arrangement から帰結する、固定性も自然の必然性ももたない『配置 dispositions』や『布置 configurations』」だというのである。[2]

つまりソクラテスよりも前に、イオニアの哲学者たちがリュトゥモスという言葉を使ったときには、〈自然 physis の千変万化する生成の流れのなかに、かいま見られる形〉を捉える意図があったことがわかる。そしてこの時代のリュトゥモスはまだ音楽と結び付けられてはいない。

バンヴェニストは、さらにどの時期にリズムが音楽と結び付けられる現在の意味が発生したのかを特定する。それはプラトンの主張である。『饗宴』、『フィレボス』や『法律』を引用しながら、身体の動きとリズムが結び付けられ、ハーモニーと対比させながら音楽の用語として使われる用例を確定するのだ。

本書はバンヴェニストが解きほぐしたリズムをめぐる語源論を引き継ぐ。つまりソクラテス以前の〈動きのなかの形〉という用法と、そして〈身体の動き〉に焦点化したプラトンの定義も引き継ぐことにしたい。バンヴェニストはリズムについて「動きのただなかで立ち現れる形」という定義を与えた。「うつろいゆく動きのただなかにある形」は止まったものではない。競技中のスポーツ選手の写真に現れる姿が選手の技巧を示しているように、リズムは動いていて止まってはいないものが動きの只中ではらむ形、そしてその形がなにか動きの技法を示す。同時に、人間の経験において生じるリズムに議論を限定する限りにおいて、プラトン以降のリズムの定義の伝統に則る。

現象学

「とどまることなく移ろいゆく動きがもつそのつどの形を捕まえる」、これは私にとっての現象学の姿でもある。現象学は人の経験の移ろいを動きの内側から記述し、その背景で支える構造（スタイル）を捕まえる営みを指すからだ。そのため現象学とはリズムへの気づきのことだといってもよい。私は医療現場や児童福祉現場でのフィールドワークを長く行っているために、自著は人類学や社会学と似た姿をとってきたのだが、データに臨む態度は現象学に忠実である。つまり

2 Benveniste, E (2014). *Problèmes de linguistique générale, I*. Paris: Gallimard. 333

データが隠し持っているダイナミズムの形〈リズム〉をつねに描き出そうとしている。

再度定義しよう。現象学とは、人間の経験を作っている〈目には見えない運動〉を、その〈内側から〉捕まえて描き、加えて、その動きを成り立たせている経験の背景・スタイルや、社会的条件がもつ形を含めて描き出す営みである。本書は方法論を論じた第10章を除いては、表立って現象学に触れていないが、全体としては医療現場で私が行ってきた現象学的な質的研究の理論化の試みでもある。

ポリリズムとは、生の動きを内側から捕まえるときに帰結する、人間と世界の見え方である。つまり現象学という方法論をとると必然的にポリリズムが浮かび上がってくる。本書の主張はシンプルである。私たち一人ひとりの経験は複数の異質なリズムがからみあったポリリズムであり、そして対人関係もまた異質なリズムがぶつかり合うポリリズムである、ということだ。ケア領域はこのポリリズムと出会い、ポリリズムへと介入する。それゆえ本書は行為と出会い、そして出会いそこねを主軸として論を展開する。

「私自身」のなかのポリリズム

ポリリズムを具体的に感じるために、拙著『摘便とお花見』に登場する訪問看護師Fさんの語りを引用してみる。先ほどの例では教室にいる生徒たちのポリリズムや患者と看護師の二人からなるポリリズムだったが、次の引用では一人の看護師の人生のなかの折々の人間関係が折りたたまれてポリリズムとなる。一人の人の生それ自体も複雑なポリリズムなのだ。
引用するのは終末期のがんをわずらった若い男性の自宅に訪問が決まった場面だ。始めは同僚が担当していたのだが、感情移入のあまりに通えなくなり、Fさんにバトンタッチすることになったところである。

Fさん　で、**私自身**、で、なんか何回か**そんな人〔＝患者さん〕、〔同僚の〕Xさんが**通ってはったんですけど、〔同い年の脳腫瘍の患者さんに同情しすぎて〕やっぱり泣いて泣いて。もう本当になんか何もできなくなっちゃったんですよ。ほんで、冷静に、なんていうか、本当にこの人に今必要なケアはっていうのが、まったく考えられなくなっちゃったんですよね。ほんで、だからもうしょうがないから担当替わろうかっていう話になって、私替わったんです。で、なんか、替わったんですね。
ほんで、たぶん、でも、**私自身**がそうやってなんていうか、結構ドライに見てきた部分もあるのか。なんですかね。たぶん患者さんも生きてる気もするんです。なんか。なんですかね。患者さんと私がなんか地続きじゃないですけど、なんか、〔重症心身障害児だった〕妹と私の関係みたいに、たぶん、なんていうか、ある部分もあるんですね。〔村上『摘便とお花見』60-61〕

ポイントは、この語りが文法的に一貫しないということだ。分かりにくい語りであることに意味がある。冒頭「私自身」と主語を提示しながらも、「私」の話題はどこかにいってしまう。代わりに同僚が患者さんのもとに通えなくなった経緯が語られる。そうしてしばらくして再び「私自身」と言い直され、そこから「(患者さんを)ドライに見てきた」という「私」の構えが提示される。なぜドライかというと、「(障害を持った)妹と私の関係」と同じように「患者さんと私」の関係が「地続きだから」だ、と「私」をめぐる人間関係のスタイルが謎めいた言葉づかいで補足される。「地続き」というのは感情移入することではなく、妹の視点、患者の視点から世界を眺めることだと後日Fさんから聞いた。つまり他者に対しては同情できるが、妹と一体化して妹の視点から見るので(自分自身に同情することはないから)感情は動かないというのだ。

ところで、前半部分にもう一つ背景がある。それは同情しすぎてドロップ・アウトした同僚の姿は、実は新人時代のFさんの姿を重ね合わせているのだ。Fさんは小児科に入職したときに、障害を負った子どもたちと妹の姿が重なって仕事がつらくなり、やめた経験を持つ。

つまり、この場面では、文法が混乱し、何が語られているのかわからないことにこそ意味がある。二回の「私自身」ではさまれた挿入句では、同情しすぎてうまくいかなかった同僚(=かつてのFさん自身)が語られている。そのあと、Fさんと患者さんの関係(=Fさんと妹の関係)が語られる。この場面は、Fさんと脳腫瘍の患者、同僚と患者、かつてのFさんとかつての患者、Fさんと妹という、一つの場面のなかに四対の人間関係とそのリズムが重ね合わさり分節されて語られたがゆえに、文法上は混乱したのだ。目の前にいる患者さんをケアする実践が、人生のなかで複数の関係のリズムが重なる仕方で成り立っている。

　私のインタビューは質問をあらかじめ用意しない。援助職や当事者のかたに、自身の経験を二時間ほど自由にお話しいただくのだが、予想外の話題が行きつ戻りつ回帰し、あるいは一見すると関係のない事柄がいっぺんに語られる。主語と述語の対応関係がはっきりしないことも少なくない。つまり「話が飛ぶ」のだ。分析を重ねているうちに、実は語りの混乱、わかりにくさ、話題の多様さは、話題となっている実践や経験がもつ複雑な文脈のからみあいの反映であることが見えてくる。話が行きつ戻りつしながら進む場合も、いっぺんに異なる出来事が語られる場合も、語っている本人にとっては異なるリズムを持った過去と未来のイベントが複雑にからみあって経験されているのである。身体感覚・人間関係・記憶・社会的文脈などといった異質なリズムに巻き込まれてその複数のレイヤーを並行処理しているから混乱した語りになるのだ。

　言い換えると、異質な層からなるポリリズムの経験を、一本の語りの線で呈示するという無理が、表面上は語りの混乱という形をとるのだ。それはまるでバッハの無伴奏ヴァイオリンのためのソナタとパルティータが一挺で複雑なポリフォニーとポリリズムを実現しているのと似ている。語りのポリリズムが生（せい）のポリリズムを反映するのだ。

　つまり経験を形作る多様な文脈があり、さらに語りを形作る異質な文法上の要素があり、両者の交差のなかでポリリズムが生まれる。さらには当然のことながら、対人関係は異なるリズムを持って複数の人が交差するため、ポリリズムであることがデフォルトだ。

ダニエル・スターンと乳児のリズム

このような経験のポリリズムは、そもそも人間の発達にすでに織り込まれていると思われる。アメリカの児童精神科医で精神分析家のダニエル・スターンは『乳児の対人世界』において自己感の発生を膨大な観察と実験データから理論化し、その後の発達心理学に大きな影響を与えた。生後二〜三ヶ月で、乳児は〈自分の動作をコントロールしている〉という感覚を手にし、中核的自己感とスターンが呼ぶ段階にいたるという。自分が自分であるという感覚は生後すぐに獲得されるのだ。しかし興味深いのは中核的自己感の「手前」の存在である。

スターンは中核的自己感が成立するよりも前の生後間もない乳児にも自己感が生まれつつあることを示し、これに「新生自己感 sense of an emergent self」と名付けた。つまり自分が自分であると意識するより前に「自己」があるという一見すると矛盾した主張をしている。この生起しつつある自己感の特徴は、五感をまたがる共通感覚的な〈形〉（＝リズム）を体感することである。つまり感覚の強弱のダイナミズムが作る〈形〉（＝リズム）を乳児は生得的に感じ取っているのだ。そしてそのような〈形〉の変化を経験することで、経験が連続し、しかもそれが母親のような特定の他者へと方向付けられていることを、彼は示したのだった。新生児は鏡を見たことがないのに目の前の人の表情を模倣する（Meltzoff and Moore 1977）。あたかも母親の顔の形と、自分の筋肉運動とのあいだに調和があるかのようだ。あるいは先ほどまで口に含んでいたのと同じおしゃぶりが見える方向に顔を向けることで、触覚と視覚が連動していることを教えてくれる。〈動きのなかの形〉すなわちリズムを乳児は捕まえている。

このとき感じる情動をスターンは「生気情動 vitality affect」と名付けた。なぜ新しい名前をつけたかというと…

〔乳児に〕起こってくる感情の特性の多くが、情動に関して現在使われている語彙や分類にあてはまらないからです。こうしたとらえにくい独特な特性は、力学的、動的用語で表すほうがよりぴったりします。たとえば、〝波のように押し寄せる〟、〝あせてゆく〟、〝移ろいやすい〟、〝爆発的な〟〝次第に強まる〟、〝次第に弱まる〟〝溢れんばかりの〟、〝情感をそそる〟などです。このような体験の特性は、乳児が何よりも確実に知覚するもので、日々、あるいは一瞬一瞬にとってとても重要なものです。(スターン『乳児の対人世界』65)

この〝波のように押し寄せる〟〝あせてゆく〟といった生気情動の描写は、まさに生を貫くリズムでありメロディーでもある。新生児の五感をまたがる無様式知覚とは、生を貫くリズムのことなのだ。人が自分の運動をコントロールし、自己意識をもつようになるよりも手前で、生きていくことにともなうリズムとして自己を形成し、他者へと関わっていくのだ。リズムは人間の経験の出発点にある。すべての経験はリズムから分化していく。さらに晩年のスターンは生気情動を一般化して、人間の生全体を支える「生気のかたち forms of vitality」として描き出した。「生気のかたち」とはまさにリズムのことだ。彼は「生気のかたち」の神経学的な基盤を探るとともに、芸術を貫く原理として描いたのだった（Stern 2010）。

ところでスターン自身ははっきりとは強調していないが、乳児が空腹や不快感や快適さや四肢の運動が生み出すリズムと、乳児に同調しようとしながら養育者からもたらされるリズムは、不可避的にずれをともなう（たとえば親はなだめようとして、むずがる乳児をゆっくりとしたリズムであやす。この場合、あえて違うリズムをぶつけている。そして親は一〇〇%乳児のニーズを満たすわけではない。ウィニコットはこのずれを脱錯覚と名付け、自他の区別を生み出す要因だと論じていた）。リズムはつねにずれをはらんだポリリズムなのだ。

乳児は生まれるやいなや、養育者の声や抱っこのなかでポリリズムを経験し、それが自己感を貫く基層となる。つまり人間は生まれるやいなやポリリズムに貫かれているのであり、ポリリズムが存在の本質を規定するのだ。

第Ⅰ部の第1章から第3章は、狭義のポリリズム論である。まず精神医学者である中井久夫と木村敏をとおして、人の営みや対人関係をポリリズムとして描いていくとともにその基盤として〈リズムの場〉を見出す。第3章では、〈リズムのゆるみ〉という視点から居場所について考えていく。

第Ⅱ部の第4章から第6章まではタイミングという現象を考えることで、経験と関係を再編成するリズム、あるいは世界そのものの誕生としてのリズムを描いていく。まず第4章では、芥川龍之介の短編「藪の中」を通して、ポリリズムの起源にある人間関係の避けられない出会いそこないについて〈身体の余白〉という現象から考える。第5章では、ある精神科病院での患者とスタッフが作った「音楽バンド」から、ポリリズムのなかでタイミングを見出していくことが経験の再編成になる場面を見ていく。第6章では、医療現場で状況のラディカルな変化が起きる場面について、〈変化の触媒〉と〈変化の支点〉という言葉を用いながら看取りの事例を通して考えていく。

第Ⅲ部の第7章から第9章までは、メロディー論である。動きのなかの「形」であるリズムの「動き」の側面が歌である。聴覚障害をもつ写真家齋藤陽道による声と歌についてのテキストをもとに、『歌のはじまり』について考えることから始める。第8章では啓蒙主義の思想家であり音楽家でもあったルソーの音楽論から、メロディーが生の展開であると同時に本源的な人と人との紐帯であることを示す。第9章では、刑務所のなかで執筆しながら歌によって孤立を称揚した作家ジャン・ジュネを取り上げながら、孤独の場所としてのメロディーを論じる。

第Ⅳ部はポリリズムの哲学を構想する。第10章はポリリズムとして人間を考える方法をフランスの哲学者アンリ・ベルクソンを現象学に取り入れることで明らかにする。現象学的な質的研究

（ＰＱＲ）の方法的な基礎づけを行いたい。うつろいゆく動的な事象をつかまえる方法として、ベルクソンが導入される。最後に第11章では、ここまでの議論を背景で理論的に支えてきたアンリ・マルディネを参照しつつ、〈そこ〉から世界そのものが出現する根源的な経験としてリズムを描き直して本書を終える。リズムの存在論として生固有の次元を設定することが私たちの目標である。

第Ⅰ部　ポリリズムとしての人間

絵画と響き

第Ⅰ部では精神科医である中井久夫と木村敏をもとに生活を貫くリズムを考える。しかしその前にフランドルの画家ファン＝エイク（1390-1441）の傑作『宰相ロランの聖母』を、例にとってみよう。ファン＝エイク作品の鑑賞は、私にとってはポリリズムの模範となる経験だ。ファン＝エイクにおいて西欧絵画技法がある水準の完成をみたことは知られているが、同時に世界と人間の複雑さも発見されている。

私にとっての良い絵画の明確な基準がある。良い絵画は画布の前に立ったときに音が聞こえるのだ。明確に「ぎーん」という響きが耳に聴こえてくる絵画があり、それは時代や技法を問わない。中世の祭壇画から音が聞こえることは多いし、ダムタイプのインスタレーションを前にしても音が鳴る。無名の画家の作品から音が聞こえることもあるし、高名な画家でも音が鳴らないことがある。抽象であろうと具象であろうと、音が響く絵画の前に立つと私は感動する。ファン＝エイクの『神秘の子羊』や『宰相ロランの聖母』はそのような画面なのだ（残念ながら『アルノルフィーニ夫妻の肖像』はまだこの目で見たことがない）。

画家カンディンスキーは「世界は鳴り響く〔…〕音は形の魂である」と語った。[1] この言葉を受けて哲学者のマルディネ（1912-2013）はゴッホについて次のように語っている。

> 彼〔ゴッホ〕が「今年の夏の〔ひまわりの〕黄色が奏でる高音に達するのには少し時間がかかった」〔…〕と楽音という音楽用語を用いたのは、この黄色において世界が音を奏でるからだ。世界が音を奏でるのは、ゴッホがこの黄色においていまだかつて対象のなかに結晶化したことがない或る世界、そこにおいて上昇するめまいのようなリズムと交流するような或る世界に住み着くからだ。（Maldiney *Regard, parole, espace.* 137）

絵画を見て音が鳴るという経験は画家自身のものでもあるようだ。そしてこの音の経験はリズムに関わっている。ゴッホが晩年、《ひまわり》や「糸杉」をうねりながら上向するリズムで描いたことはよく知られている。

1　Kandinsky.（1912）. Uber die Formfrage, in Der Blaue reiter: Maldiney, H.（1973/1994）. *Regard, parole, espace.* Lausanne: L'age de l'homme. 132で引用

ファン゠エイクの『宰相ロランの聖母』――リズムからポリリズムへ

『宰相ロランの聖母』に話題を戻そう。前景に浮き上がるのは、まず右手に聖母マリアと膝の上にのる嬰児イエスである。そして左手には作品の注文主である宰相ロランがイエスとマリアに手を合わせている。三人は薄暗く荘厳で静まりきったの教会のなかに佇んでいる。この教会はロマネスク様式であり、ゴシック様式全盛期のファン゠エイクの時代には古風な印象を与えたであろう。つまりイエスの降臨が今まさに目の前で展開するのが、古風な光景でもあるという時代のずれがはらまれている。当時の人にとって古風な印象を与える場面はイエスの時代を参照させたのかもしれない。同時に絵画が置かれていたシャステルの教会のなかにイエスが降臨したかのようでもある。異なる時代のリズムがぶつかり合うのだ。

さて、マリアとロランは細かい顔や手の表情から豪華な衣装のひだにいたるまであまりにも写実的に描かれているのであるが、マリアの頭上には天使が王冠を携えて漂うことで、超現実的な光景ともなっている。この意味でも異なるトーンがぶつかり合う。

さらに、絵画の描写という点から見ると、マリアとロランが纏う衣装の豊かなひだがなすランダムな造形と、室内のタイルの遠近法を強調した幾何学模様とが鋭いリズムの対比をなしている。そしてマリアの衣装は硬い生地なのだろうか複雑なひだで描かれているのに対し、ロランの衣装の柔らかい生地が直線的なひだで描かれている点にもリズムの対比がある。さらに、室内のタイルや天井が画する線遠近法と、イエスとマリアやロランの位置取りとのあいだに少しずれがある。

ヤン・ファン＝エイク『宰相ロランの聖母』(1435年頃、ルーブル美術館)

そのため線遠近法で構成された幾何学的な空間のなかで、宙に浮くように精密な描写の人物が浮かび上がるのだ。ここにも異質なリズムの対比がある。遠近法で現実感を演出した空間のなかに、際立って写実的な人物が、室内の線遠近法には収まらない仕方で描かれる。このように何重にも仕組まれたさまざまなリズムの対比が、画面の壮麗さを形作っている。

ところで登場人物たちのまなざしはどこをとらえているのだろうか。マリアはイエスより少し下を見ている。一方でイエスはロランの少し右を見つめている。そしてロランはマリアの左側を見つめている。つまり視線がそれぞれすれちがうことであたかも三人が別の世界に住んでいるかのようにも見える。ここでもそれぞれのずれが一つの場に共存している。人物一人ひとりは異なるリズムで描かれ、異なるリズムが出会いすれ違うことによって緊張感のある統一が生まれている。

さて、このタブローは室内での神々しい光景を描いただけのものではない。窓の外には田園と都市の風景が拡がっている。イエスとマリアの降臨の神秘は、室外の世俗的な光景と対比されることで際立たせられている。私たちがいるこの世界の片隅にひっそりとイエスとマリアが顕現しているのだ。窓の外には花が植えられたベランダがあり、その向こうには田園の風景と運河に浮かぶ船や都市が拡がり、ファン゠エイクの自画像とも言われる世俗の衣装を着た人物の背中が小さく描かれる。遠くに少しもやがかかることで非現実的に感じられる田園風景のほうが実は世俗の時間が流れるリアルな世界であり、手前に克明に写実される神秘は克明であるが超現実のものなのだ。風景のかすんだ空気遠近法と室内の克明な線遠近法とのリズムの対比は画面にドラマティックな効果を与えている。

当時この絵画を鑑賞した人たちは、描かれた（今では全貌は明らかではない）さまざまな寓意を細かいモチーフのなかに感じ取っていただろう。絵画がアレゴリーを通してキリスト教道徳を伝達するメディアだった中世から、光学に基づいて精緻で写実的な空間構成を追求したルネサンスへと移行する時期にあって、キリスト教の（隠された）象徴と、表層に徹する光学とのあいだにも異質なリズムの交差がある。

ファン＝エイクはその複雑な画面構成と精密な描写によって、私たちの世界の複雑さを描き出してる。そして世界はさまざまな異質な文脈のぶつかりあいとからみあいから成り立っているという直観が画面に現れている（彼にとって大きかったのはキリスト教の救済の論理と世俗の世界の対比だろうが、すでにみたようにそれだけではない）。ファン＝エイクが生きた一四世紀後半から一五世紀初頭には、一三五〇年ごろにヨーロッパの人口の四分の一を死滅させた黒死病（ペスト）の大災厄の記憶が残っていたはずだ。タブローに描かれた晴れやかな救済とのどかな田園風景は、現実の世界に強く刻まれた死の影との明暗のコントラストをなしてもいる。描かれた牧歌的風景と実際の現実とのあいだにもギャップがあるのだ。

第Ⅰ部では、人間の日常の経験、そして対人関係がポリリズムという形で現れていることを示していく。そしてリズムには緊張と弛緩があるので、躍動的なリズムだけでなくリズムがゆるむ場面についても触れることになる。とくに精神科医療と（子ども支援における）居場所が例として登場する。

第1章　中井久夫と生活のポリリズム

1　リズム一元論かつ多元論

生のパラメーター

精神科医の中井久夫（1934-）は風景構成法といった独特な技法で知られるとともに、神戸大学医学部教授として阪神淡路大震災後の心理的なケアを陣頭指揮し、ＰＴＳＤの臨床を日本に導入したことで知られる。通常は目につかないような微細な変化の徴候を感じ取る、特異な感覚を患者に対してだけではなく森羅万象全体に対してもっていた。

中井久夫が統合失調症の回復期に注目してきたこと、そして発病と回復のプロセスは異質なものであることを主張してきたことはよく知られている。しかしそのプロセスをリズムという視点から捉えていることは、もしかすると注目されることが少ないかもしれない。

一方、時間的パターンともいえるリズムについては、精神科臨床ではあまり開拓されていないのが実情であろう。これは、ひとつには、現在の医学教育や医師の訓練が発病や回復のリズムの会得を軽視しているせいでもある。回復過程の中には加速できない過程、加速してはならない過程もある。（中井『精神科治療の覚書』33）

発病と回復にはそれ固有のリズムがあり、治療者はそのリズムを尊重しなくてはならないという。中井がもつ独特の感性がこのリズムを際立たせたのだろう。

さらに言うとリズムは一つではない。回復のプロセスに注目したときに見えてくる病者、そして人間一般の姿とは、複数のリズムのパラメーターのからみあいとしてのポリリズムである。中井はそのことを教えてくれる。

実は、治療実践とは、実践において〔自然治癒力と治療的介入の〕連立方程式を解くことである。そのためにこそ、治癒過程を構成するパラメーターをできるだけ明らかにしようとする努力自体が臨床的意味を持ちうるのである。

しかし、このパラメーターは無数であろう。（同書46）

日常生活はさまざまなリズムで貫かれている。夜になると眠くなり朝になると目覚めるリズム、お腹が減るリズム、尿意や便通のリズム、これらは概ね生理学的なものだ。しかし人間関係で悩みごとがあるととたんにこれらのリズム（とくに睡眠のリズム）は崩れる。そして人間関係はそれ自体さまざまなリズムをもつ。相手によっても異なるし、同じ人とのあいだでも良好な関係のときと険悪な場面では会話のリズムは大きく異なってくる。もちろんこれ以外にも、季節の変化であったり、病気であったり、気分の変調、日々の出来事のリズムや、あるいは職場のスケジュールが強いる仕事や出入りするコミュニティの変化など、さまざまなリズムがパラメーターとして私たちの生活を貫いている。数えられない多様なリズムの折り重なりのなかで、私たちの経験は形づくられているのだ。

パラメーター的ということは、多次元の単なる言いかえでないと思う。パラメーターは通常は定数とみられているものを変数として扱うことである。多くの病気の場は固定して動かないようにみえる。これをじっとみつめて、突然起こる変化に目ざとくあるということである。（同書 86）

回復のプロセスには多くのパラメーターが関わるが、パラメーターは変化する、言い換えるとリズムを持つ。変化していく複数のリズムの絡み合い、これを治療者は「じっとみつめて」「できるだけ明らかにしようとする」必要がある。

中井が病の経過の年表を作ったことはよく知られている。身体の状態から家族のイベントにいたる目に留まったあらゆる事柄を年表に書き込んでいくことで、さまざまなリズムの波が描かれる。脈拍、日内の気分の変化、四八時間単位の睡眠のリズム、家庭内の間合いあるいは医師と患者の間合いのような対人間のリズム、進学や引っ越しなどのイベント、幻聴などの症状や身体症状の変化のリズム、長期入院を生み出す病院のシステムが持つリズムといったような、さまざまな水準の異質なリズムを年表は一望のもとに収める。

人の生はそもそもポリリズムなのだ。そしてポリリズムという視点をとったときには、人の生はさまざまな（制度、経済、ジェンダー、歴史を含む）社会的文脈を生の構成要素の（全部ではないが）一部として引き受ける。つまりポリリズムとして人間を見るときには社会構築主義的な視点を取ることになる。

この複数のリズムの波は、それぞれの人に固有のものでありそれぞれのリズムもまた個別的なものである。たまたま中井は統合失調症患者を例にとったが、私たちの誰であっても年表を作れば、一人ひとり異なるポリリズミックな年表が書けるであろう。回復の過程が「非特異的」であるということは、この過程が病に縛られることがない誰にでもある生活の過程のことであり、かつ一人ひとり個別のものであるということだ（中井 1982/2014 79）。

多様なリズムの響き合いゆえに、共振や不調和のもとにさまざまなリズムが共存する。そして心のリズムと身体のリズムが並立することで心身二元論が無効になるだけでなく、自然と文化の区別、あるいは個人と集団の区別もあいまいになっていく。異質な出来事がリズムの運動のもとに出会うのだ。

異質なリズムを持つ多様な現象が、同じ権利でお互いに干渉しあうのである。さらにミクロの変化もマクロの変化も同じ権利で存在感を持つ。それはあたかもリズム一元論であり、かつリズムの多元論でもあるような世界の見え方を中井は提案したともいえる。ポリリズムとして人間を見る視点を中井は教えてくれる。

フィッツジェラルドの『グレート・ギャツビー』

ここで異質なリズムの出会いの例として、スコット・フィッツジェラルドの『グレート・ギャツビー』の冒頭を引用してみたい。語り手の「僕」が大学時代の友人ブキャナン（横柄で粗忽な人物）の家に招かれ、その妻であるデイジーと出会う場面だ（この場面ではまだ登場していない主人公ギャツビーは、かつての恋人デイジーに思いを寄せて、ブキャナン夫妻宅の対岸に引っ越してくる）。

我々〔僕とブキャナン〕は天井の高い玄関を歩いて抜け、明るいバラ色に包まれた空間に入った。両端についたフレンチ扉によって、そこは頼りなげに母屋につながっている。開け放たれた扉は、外の瑞々しい芝生を背景に純白に輝いていた。芝生は今にも、家の中までこっそりと忍び込んできそうに見えた。そよ風が一方の窓のカーテンを中に吹き入れ、もう一方の窓のカーテンを外に吹き出しながら、部屋を抜けていた。カーテンはまるで白っぽい旗のように、砂糖をまぶしたウェディング・ケーキを思わせる天井めがけて、勢いよくめくれあがっていた。それから風は、海を相手にするときの要領で、ワイン色の敷物にさざ波を立て、陰影を描いていた。

その部屋の中で、完全に固定された物体といえば、一つの大ぶりなカウチだけで、二人の若い女性が、係留された気球に乗ったようなかっこうでそこに浮かんでいた。どちらも白ずくめで、そのドレスは千々に波打ち、はらはらと揺れていた。まるで家の周囲をちょっとのあいだ飛行していたのだが、ついさっき風に吹かれるままに部屋に戻ってきたのだといわんばかりに。僕はしばらくそこに突っ立って、カーテンが鞭打つように勢いよくはためく音や、壁にかかった絵が立てる軋みに耳を澄ませていたみたいだ。やがてトム・ブキャナンが背後の扉を締める、ばたんという大きな音が聞こえた。部屋の中を吹き抜けていた風はそれでぴたりとやみ、カーテンも敷物も、二人の若い女性たちも、気球が下降するみたいにしずしずと床に降りてきた。(フィッツジェラルド『グレート・ギャツビー』21-22)

小説のなかにデイジーが初登場するこの場面では、バラ色に包まれた空間とワイン色の敷物という地から、輪郭の定かでない白いカーテンや天井や洋服が図として浮かび上がってくる。白いカーテンがときに勢いよくはためき、ときにはらはらとさざ波を立てる風のなかで、白い服装の二人の女性が浮かび上がる。このたゆたう空間のリズムは、浮薄(ふはく)なデイジーのリズムでもある。しかし、無骨なブキャナンが「ばたん」とドアを締めて、たゆたうリズムを切断する。そうすると風がやんで、(何もかもが夢のように消えていく小説の結末を暗示するように)カーテンも女性たちも気球のようにしずしずと降りてくるのだ。ここではデイジーの身体と空間のリズムが溶け合うとともに、リズムの変化は小説全体の筋書きのリズムを暗示し、さらにデイジーとブキャナンの対比が、風やドアの音響のリズムで表現されるのだ。

2　リズムの場

芥川龍之介の「歯車」

ポリリズムは複数のリズムがぶつかり合う場をもつ。あたかも諸リズムを包み込む全体的なリズムがあるかのようである。

芥川龍之介が自死の三ヶ月前に残した小説「歯車」には、経験に収めきれないなにか過剰なリズムが表現されている(芥川は統合失調症を患っていたといわれる)。末尾のある箇所を引用してみる。

するとと自転車に乗つた男が一人まつすぐに向うから近づき出した。彼は焦茶いろの鳥打ち帽をかぶり、妙にぢつと目を据ゑたまま、ハンドルの上へ身をかがめてゐた。僕はふと彼の顔に〔自死した〕姉の夫の顔を感じ、彼の目の前へ来ないうちに横の小みちへはひることにした。しかしこの小みちのまん中にも腐つたもぐら鼠の死骸が一つ腹を上にして転がつてゐた。

何ものかの僕を狙つてゐることは一足毎に僕を不安にし出した。そこへ半透明な歯車も一つづつ僕の視野を遮り出した。僕はいよいよ最後の時の近づいたことを恐れながら、頸すぢをまつすぐにして歩いて行つた。歯車は数の殖えるのにつれ、だんだん急にまはりはじめた。同時に又右の松林はひつそりと枝をかはしたまま、丁度細かい切子硝子を透かして見るやうになりはじめた。僕は動悸の高まるのを感じ、何度も道ばたに立ち止まらうとした。けれども誰かに押されるやうに立ち止まることさへ容易ではなかつた。……（芥川「歯車」『芥川龍之介全集 6』408-409）

なにかに突き動かされあせりながら「僕」は歩くのだが、死んだ親戚が漕ぐ自転車がこちらに向けて疾走し、身をよけるとモグラの死骸が目に飛び込んでくる。さらには歯車たちが向かってくる。ここには調和のないぎくしゃくしたポリリズムがある。こうして「僕」はどんどん追い詰められていく。自転車やモグラや歯車からなるポリリズムは焦燥感という大きなリズムのなかで明滅している。

あせりとゆとり

リズムの一元・多元論は、単に複数のリズムが並んでいるということではない。それを秩序付ける土台となるテンポがある。「加速してはならない過程」を中井が見て取るとき、患者の諸リズムがそこに乗るテンポが感じ取られている。さまざまなリズムはそれをつなぎとめるテンポ＝リズムの場によって貫かれている。これによってポリリズムは一つの経験のなかに収められるのである。それを中井は「あせり」や「ゆとり」と呼んでいる。

「あせり」と「ゆとり」という中井の臨床上の中心概念は、芥川が飲み込まれていた過剰なリズムを的確に表現するだろう。

> 大多数の場合において、病者は対話がこれらの（「あせり」と「ゆとり」という）ことばを中心に据えて行われるとき、例外的な真剣さを示す。たとえば、退院要求をたえまなく行う病者も、「それはあせりからだろうか、それともゆとりが生まれてきたからだろうか」と問うとき、一瞬内省の表情を示すのがむしろ通例である。（中井『統合失調症1』89）

病の本質は診断基準に記載された**固定された**症状ではなく、「あせり」という**動的**かつ包含的なリズムへと読み替えられていく。あせりは本人の感覚であって外からあてがわれたレッテルではない。あせりからゆとりという内的なリズムを感じながらその人にあったリズムで変化を促すこと、これがリズム論から見た回復なのだろう。

ところで正確にはあせりとゆとりはおそらく単なるリズムの一つではなく、そのもとでさまざまな水準のリズムを貫くいわば**リズムの場**である。たとえば退院要求の性急さのなかにリズムがある。言葉づかいや身振りといった個々のリズムを貫くのが全体的なあせりである。ゆとりやあせりという全体的な**リズムの場**のもとでさまざまなリズムはゆるやかに同期したりぎくしゃくしたりする。

ただし、このあせりとゆとりによる諸リズムの統一は、ある瞬間において同期するだけではない。もろもろの水準のもろもろのリズムが、時間をかけて伝播してつなげられていくというような連結もありうる。

> そして、発病過程とちがって、回復過程は生命保護的な順当性があるようだった。たとえば、覚醒時よりも睡眠が、昼間の思考よりも夢が先に再健康化を始め、生理的なリズムやパターンのほうが心理的なものよりも先に整い始めるように思われた。（中井『精神科治療の覚書』79）

一般に、システムの回復過程は崩壊過程と違います。〔…〕病気の回復過程も、体重が増加し、皮膚や髪の艶がよくなり、疲労が少なくなり、いつしか病気のことを忘れて、日常生活の楽しみのほうに考えがゆき、生活半径が広がってゆくというものです。（中井『最終講義』13）

生理的なものから心理・社会的なものまでにわたる異質なリズムが、「順を追って」ゆとりを獲得していくようなプロセス、一人ひとり違うゆとりの伝播のパターンがある。いずれにしても身体と生活に関わるリズムが次第に余裕を持つようになることが、中井にとっての回復である。**リズムの場**において表現されるゆとりという**ベースのリズム**が異質なポリリズムをつなぐ紐帯となる。そしてポリリズムのなかには「順を追って」回復する時間的な幅も含みこまれている。

3 運と偶然

ハプニング

ゆとりというリズムの場のもとで生じるさまざまなリズムの響き合いには、もう一つ欠かせない要素がある。それは偶然の出来事である。

孤立した家族は、また、「ハプニング」が乏しいと言うことができる。われわれの上には日々、宇宙線のように偶発事が降り注いでいる。それはわれわれの悲歓のみなもとの大きな部分を占めている。偶発事の活用によって、家族は豊かになり、変貌する。そもそも家族の話題は偶発性によってはずむのではないか。そして家族が不変のものではなく、新しい人を、新しい事態を迎え入れ、古い人を見送り、古い事態を捨て去るからには、その契機としても、いっそうこのことがなくてはならない。（中井『「つながり」の精神病理』41-42）

家族のリズムの変化は偶発事の受け止め方のなかに現れる。あるいはリズムとはハプニングとの出会い方だと言ってもよい。「宇宙線のように」というのだから目には見えなくとも絶えず偶然の出来事はふりそそいでいる。ゆとりというリズムの場は、偶然のハプニングへと開かれるための条件でもある。ゆとりがあるときの偶然はチャンスだが、あせっているときには偶然は不運な事故になる。あるいはハプニングの受け取られ方、現れ方にこそ、リズムが可視化するのかもしれない。ゆとりがリズムの場となることで偶然の出来事を受け止めることができるようになる。ハプニングを捕まえるタイミングについてはのちほど第6章で論じたい。

治療者による同調

回復はゆとりという、リズムの場におけるベースのリズムが整うことであるとすると、それを支え導くのが治療者による患者への同期なのであろう。

〔…〕必要なのは、絶対に加速してはならない過程と加速可能な過程とを見分けることである。加速してはならない過程を加速しようとして、本人を焦らせ、家族を焦らせ、そして医師当人が焦りの中に巻きこまれて、結局焦りの塊りが三つ渦を巻いてまわっているだけという場合は残念ながら皆無ではない。（同書 47）

「加速してはならない過程」つまり個々のリズムが収まるベースとなるリズムの場に同期することを中井は推奨している。治療者の役割は、患者のさまざまなリズム全体のベースとなるリズムに同調するという仕方でポリリズムの収斂点を作り出すということのようだ（「〔患者と家族〕双方の過程の時間的なずれが患者の回復を妨げる〔…〕。」）（中井 1982/2014 236）。そしてこのポリリズムの同期とゆとりをともに導くのが治療者の役割だということになる。もしベースのリズムを読みそこねると、あせりという形で負の効果をもたらす。回復過程の準備段階としておそらくこの同期によるリズムのとりまとめがあるのだろう。

リズム、ポリリズム、ベースのリズム（リズムの場）、そしてそれを支える治療者……このようなリズムをめぐる諸相は、中井の極めて多様な仕事をある面から切り取った姿である。事象を固定した像としてではなく動的に捉える視点、目に見えない微細な変化を捉える視点が、中井を貫いている。そしてなによりも「リズムの集積としての人間」は、統合失調症に限られない人間一般の定義として有効だ。

第2章では、複数の人のあいだのポリリズムを中井久夫と並んで日本の精神医学会を代表してきた木村敏による音楽論を軸にしながら考えていきたい。

第2章　木村敏と音楽——対人のポリリズム

1　「音の河」とからっぽの「心の中」

二一世紀に入ってからの日本の精神科医療における地域化の大きなうねりのなかで、統合失調症論を中心として展開してきた現象学的な精神病理学も転換期を迎えている。精神病理学を代表する理論家であった木村敏もまた、ある時期以降は「臨床哲学」を標榜したので、積極的に「精神病理学」を展開したわけではなかった。これも社会状況の変化が影響しているのかもしれない。木村敏の思想も精神病理学から解放されたときに、理論的にも実践的にも、真の価値を見出すことが出来るのではないだろうか。以下では、地域のなかで精神障害を持つ人、あるいはすべての人がともに生きるための方法論が求められている現在の視点から、木村を読み直したい。

異質な人同士が出会いお互いに変化する場を考えるためには、非人称的で集合的な生命の動きを重視する一九九〇年代以降の議論ではなく、対人関係の形式構造を描き出している初期の音楽論から考えてみるのが良さそうだ。実は木村が二四歳のときに執筆した処女作は精神疾患ではなく音楽についてのテキストであり、音楽こそがピアニストであった木村の作品全体を貫くモチーフであることが暗示されている（プロの音楽家の伴奏も務めた）。

あなたは、ご自分の心の中にはいりこんでいた種々雑多な想念がすっかりどこかへ抜け出して、からっぽになってしまった心の真ん中にそっと生じた空間が、みるみる大きく、それこそ体一杯になるかと思われる程大きく拡がって行く、というような感じを持ったことはありませんか。〔…〕その途方も無く広がったこころ〔ママ〕の中の空間こそ、芸術の、或いは美の唯一の住みかであると僕は思っているのです。（木村「ある手紙より」『著作集』第8巻 18-19）

僕たちが芸術家であろうとするならば、このからっぽの心の中へ外からはいりこんで来た美の情感、これを何らかの形で姿あるものとして残さねばならないのです。（同書 20）

この若書きの木村と後年の木村とのちがいがあるとすれば、「心の真ん中にそっと生じた空間」ではなく、「途方も無く広がったこころ」である〈生命〉の方から考えることになることであろう。ここでは音楽が音楽として成立することになる空虚な場があり、それがここでは「心」「こころ」と名付けられている。そのなかで、「外からはいりこんで来た美の情感」という触発を「姿あるもの」へと変容すること、これが音楽の創造なのだというのである。ここで注意しておきたいのは〈場〉としての「こころ」とそこで生じる「外からはいりこんで来た美の情感」とが区別されるということである。後年の議論ではこの区別がぼやけてくることもあるのだが、私は維持したい。維持したいのは、**場**を開いてそこにおいて**何かによる触発**を受け応答するという枠である。なぜかというとリズムは**〈リズムの場〉**必要としているからであり、そして生のリズムは状況や出来事からの触発への応答だからだ。

次に、木村が自らの思想を固めつつあった一九七二年の論文を引用してみる。ここではこの触発が「苦痛」として語られる。

病気の本質は苦痛にある。人は苦痛を平然として所有することはできない。衣服をまとうように苦痛を身に着けながら、他のことに気をまぎらせてすますことはできない。苦痛に襲われた人は、その苦痛を蒙り、苦痛に苦しみ、苦痛に耐え、苦痛から逃れたいと願うことができるだけである。〔…〕人は「苦痛」といわれるものにまず遭遇して、そのうえでこれを被ったり苦しんだりするのではない。人は苦痛の中にいる自分を見出すのである。苦痛を感じている人は、「苦痛」と向かい合っているのではなく、自分自身が苦痛というあり方において苦痛の中にはいりこんでいる。（木村「医者と患者」『著作集』第8巻 138）

「人は苦痛の中にいる自分を見出す」。苦痛という状況のなかに溺れた状態が病者の出発点となる。そもそも人は苦痛からは距離を取ることができない。そしてこのような苦痛は、木村が「生命」という言葉で考えてきた集合的な生命とは質的に異なるものであろう。苦痛の背景には身体の不調や社会状況があるのであって、苦痛自体は世代を超えた大文字の生命ではない。
処女作から四半世紀たった音楽論からもそのような契機が読み取れる。一九八〇年に行われた作曲家武満徹との対談のなかの武満の言葉であるが、ほとんど木村自身の言葉と見紛うテキストを引用したい。

武満　〔…〕どちらかといえば自分の音楽行為というのは、自分もその中にあり、自分を取りまいている「音の河」に対してどういう風に手を触れて行くかという……。つまり、西洋で言うところの「楽音」、すでに準備（プリペア）された音ではなくて、音というものすべてが混沌とした状態であるものを、僕は「音の河」と言ってるわけなんです。（木村「間（武満徹との対談）」『著作集』第8巻 332）

この「音の河」は武満の生活を取り囲んでいる「混沌とした」すべての音であるから、「苦痛」が生じる社会環境と同じ位相にある大きな流れである。正確には、苦痛を痕跡として残すような状況の流れ全体が「音の河」である。苦痛と同じく音の河が人を飲み込むので、そこでの人は自己性をまだ持っていない。つまり一つひとつの音を奏するという**行為**は、音の河という「自分もその中にあり、自分を取りまいている」カオティックな状況へと応答する（「触れる」）新たな行為である。そしてこの「音の河」に「触れる」という応答は、先ほど引用した木村の処女作では「姿あるもの」を残すことと表現されていた。このように状況に応答する創造行為のことを木村は「自己」と呼ぶ。同じ対談から、今度は木村の言葉を引く。

木村　自己というのは、いわば自分であることと自分でないこととの差異化の構造であると思うのです。〔…〕自分が偶然、ふとここにあるわけだけど、そのことによって、周りに自分じゃないもの、自分以外のものを醸し出すというのかな。音で言えば、一つの音が鳴ったということで、周りに沈黙を醸し出すような働きがありますよね、非常に立派な音というのは。（同書 339）

苦痛や音の河に飲み込まれた状態においては、苦痛（音の河）と苦痛を受ける人とのあいだはかすかであいまいな差異しかない。このような状況に応答し、行為や音楽を生み出すときに自己と状況とのあいだに初めて截然（せつぜん）とした区別が生じる。創造と自己とは木村においては同じものである。この引用では音としての自己と「周りに沈黙を醸し出す」こととを区別している。

以上のことは初源的な自己の定立が世界そのものの誕生であると考えた初期フィヒテを彷彿と

させるが、状況に応答するなかで自己と世界（状況）は区別され、自己は自己として成立する。行為とは、苦痛というような仕方で人間を飲み込む状況のなかで、自己を生起させつつ世界と出会う運動のことである。つまり、苦痛や不安に飲み込まれる状況のなかで自己を作り出すことが問われている。

これは音楽や統合失調症に限らず、誰もが出会う場面であり、私の研究のなかでは看護師も患者も混沌とした状況から自らを立ち上げている。たとえば次の場面は小児がん病棟に勤務する看護師が、母親からの問いかけに自問自答する場面である。

Gさん 例えば「このまま死んじゃうのかな」って言われたりとか。「もっと治療はないの？」とか、「何でこの子死ななきゃいけないんだろう」とか、私もわかんない質問があるんですよね。

で、そういったのも答えられなくて。もうそういう話をしてもらえる存在なのかって、自分で、ま、自信がないっていうのもあるんですけど。そういう話をしてますね。何かこう、「これがフラットになっちゃうこととかあるの？」とか。モニターとか。何か、「どうやって最期なるのかな」とか、ときどき何か「先生こなくなっちゃったけどむかつく」とか、そういう話とかもだし。「今苦しいのかなとか、やっぱり死ぬのいやだな」とか。そういう話を、うん。（村上『摘便とお花見』256）

このあとの語りでGさんは、家族からの問いかけに対する答えがわからないなかでも、あるいはともにいることが苦痛である場合でも、子どもや家族とともにいることのなかに看護師としてのアイデンティティを見出していく。どうしていいのかわからない途方に暮れる場面に立ち会うなかで、Gさんは自らを作り出していく。

さて、このような場面を考えていくと、行為的自己が本質的に創造的なものであることが明らかになる。若き木村はこのような場面を音楽を通して考えていた。

ただし、木村が音楽に注目することで単純化してしまっていると思われるのは、「音の河」や「苦痛」がその背景に、それを成り立たせる複雑な対人関係と社会状況を持つということである。この点を次節から考えてゆきたい。

2　アンテ・フェストゥムからポリリズムへ

さて、このような自己の生成を木村は時間の問題として捉えていた。正確に言うと過去現在未来として数直線的に整理された客観的な時間ではなく、内的に感じられる時間である。その一環として行為のタイミングを逃してしまったために取り返しがつかないと感じるポスト・フェストゥムと、ちょうどよいタイミングよりあせって先走ってしまうアンテ・フェストゥムといった概念が登場する。

私の或る患者が《私には未来がわかってしまうのが恐いのです》と言うのも、同じアンテ・フェストゥム構造の現れと見ることができる。この患者は、中学・高校を通じて両親の敷いたレールの上を無批判にすすみ一流大学に入学した。すでに入試の頃から漠然とした関係念慮と気持ちのいら立ちになやんでいて、入学後まもなく世界没落体験を伴う急性病像で分裂病性の精神病に陥った。彼は、これまでの人生には「自分」というものがなかったという。彼にとっては、未来が確定しているということが、とりもなおさず自己不在につながっている。自ら設定したものでない自己を未来に実現せねばならぬこと、これが彼の恐怖の源であるようだった。（木村「時間と自己・差異と同一性」『自己・あいだ・時間』153）

木村はアンテ・フェストゥムを統合失調症と結びつけポスト・フェストゥムをうつ病と結びつけているが、私はアンテ・フェストゥムもポスト・フェストゥムも病理ではなく、状況に対して応じる行為が持つもろもろのリズムが乗る**ベースのリズム**であると読み替える。あせったりゆとりを持ったり、出遅れたりすることは誰でも経験することだ。木村自身も存在様式としてこれらを捉えており、精神病理に限定してはいない。この引用を例にとっても、親に進路を強制されて「自ら設定したものではない自己を未来に実現」することは統合失調症の人でなくてもありうる。

状況に対してどのようなリズムで応答するのか、それは人それぞれ違う上に、同じ人でも場面によって変化する。アンテ・フェストゥムとポスト・フェストゥムは、まずは人がそこに投げ込まれている状況へと応答するときのベースのリズムである。

さらに言うと、たしかに木村自身はアンテ・フェストゥムを世界に対するリズムとして提示している。しかしそもそもある人が状況に対して前のめりだとしたら、その人にとって相手のとろさはまどろっこしい。つまりアンテ・フェストゥムは状況に対する間合いであるだけでなく、他者とのあいだに生じる相互的なものであり、対人間のリズムのずれでもある。

「音の河」のような「混沌とした状態」への触れ方、つまり一つの音の生まれ方がリズムであり、そのリズムがアンテ・フェストゥムであったりポスト・フェストゥムであったりする。仮にそれが「症状」と呼ばれるものであったとしても、もし支援者がその人のリズムに乗ることができたらどうであろうか？　そもそも私自身、精神科の病棟や在宅訪問で目撃してきたのは、さまざまな患者の多様なリズムをキャッチしてうまいタイミングで乗っていく、看護師たちの卓越したチューニング能力だった。つまり前のめりだったり出遅れ気味だったりするリズムに合わせる力が問われている（言うまでもなく、実際のリズムは速い遅いだけではない繊細な多様性がある）。言いかえると状況へと応答するリズムにおいては、状況に居合わせる者の**お互いの**リズムが出会うのである。私たちはつねに**ポリリズム**としての対人関係を生きている。対人関係は外に向けての関係だが、同時に私が内側で感じるタイミングのずれでもある。つまりリズムを問題にするときには主体の内と外の区別は意味を持たなくなる。

　実際に医療現場において問われる差し迫った人間関係において、リズムを合わせることやタイミングが問われるケースは珍しくない。次の語りは精神科病院に長く務める看護師の語りである。


高木さん　ま、それがどうか分からないんですけど、ま、患者さんにはね、だからすごい助けられて。だから精神科の患者さんってもちろん病気の部分はあるけど、病気じゃなくて健康な部分、昔からあるでしょ、健康な部分に働きかける。

　で、あんまりしゃべらなくてもなんか、なんか冗談言うてたらやっぱ手を叩いて笑ったり、そんなときはやっぱとらえるかチャンスを、「今笑った!」とか言って。うん、それは感じますね。

　私がこんなんやから看護婦さん同士で楽しくしゃべってたら、すぐバーッて怒る慢性期病棟の患者さんでもよう見てはるよ、患者さんは。「いや、きょうは仲良しで楽しそうね」とか言ってくるんですよ。ほんならもうすぐ窓開けて「一緒に話しましょう」つって「いらっちゃい!」つって、「井戸端会議しよう」とか。(患者さんが)「えー!」とか言いながら来て、看護婦といっしょにしゃべったりして「入れたげる」つって。(村上『仙人と妄想デートする』97)

高木さんは、長期入院する統合失調症の患者たちのちょっとした変化を掴んでコミュニケーションにつなげる場面を多く語った。ここでは普段は押し黙っている患者が笑ったというリズムの変化を捕まえ、いつも怒っている患者が声をかけてくるタイミングを捕まえて一緒にリズムを作ろうとしている。このような場面は決して珍しくない。

とすると、「あいだ」とは、「病気だから作れない」ものではなく、病気であろうがなかろうかタイミングを合わせて作り出していかなくてはいけないものであろうし、病気でなくても、タイミングが合わなくて「間が持たない」「気まずい」こと自体は誰もが頻繁に経験する。意思疎通が難しい患者とも医療者はコンタクトを取ることができるし取る努力をする。状況への応答が持つリズムのなかで、患者と医療者がそれぞれ自己と状況を分節してゆく。それぞれの人がそれぞれのリズムを重ね合わせ、一つの音楽を産出してゆくのだ。

まとめよう。支援者による関わりは即興である。そしてサービスの利用者の語りも即興である。即興と即興がぶつかり合うからこそタイミングが問題になる。即興とは音の河のなかで音を紡ぎだすこと、そうして沈黙のなかに音を響かせることである。そのときの時間は、時計で測る時間ではなく、音の河に応じたリズムであり、タイミングである。そしてそれはたいていは対人関係のなかで（一人の人にとっての）複数のリズムのぶつかり合いすなわちポリリズムとしてできるものである。合奏だけでなく支援を必要としている人と支援者の即興を回復すること、即興のかすかな発露をキャッチすることもまたその一例である。木村がアンテ・フェストゥムという言葉とともに発見したのは、状況へと応答する行為が適切なリズムを持つということであり、しかもこのリズムは対人関係のなかで間合いを測ること、それぞれが異なるリズムを持つがゆえにポリリズムのなかでの邂逅を示しているということだ。

3　あいだ――深層のポリリズムから表層のポリリズムへ

タイミングをとるためには、他者と出会うことを可能にする場が同時に生成していなくてはいけない。中井を論じたときにはこれを「ベースのリズム」あるいは「リズムの場」と呼んだ。さまざまなリズムや出会いのタイミングが合ったり合わなかったりする場を一九八〇年台の木村は「あいだ」と呼んだのだった。これは処女作で「途方も無く広がったこころの中の空間」と呼ばれたものの三〇年後のこだまである。つまり「途方も無く広がったこころ」という表現では対人関係は明示されてはいなかったのだが、精神病理学を経て、出会いのなかでの行為という側面が発見されていったのだ。

先ほど木村の議論の出発点にあった「音の河」が、世代を超える大文字の生命と、個人を飲み込む社会状況という二つの異質な側面をあわせ持つということを確認した。実はさらにもう一つ別の方向性が「あいだ」のなかには含まれる。それが他者と出会うための場である。ここで『あいだ』（1988）の音楽論を引用したい。

もう一歩進めて、合奏の各メンバーがすべて望みうるかぎりのすぐれた技術と芸術性を備えていて、しかも各演奏者間に優劣がまったくないという理想的な場合を考えてみる。ここではメトロノーム的正確さはもちろん、相手の演奏に合わせようとする努力すら、意識的には求められていない。一人ひとりの演奏者が各自のパートの演奏を、純粋に自発的で主体的なノエシス的・ノエマ的創造行為として、なんの外部的基準にも拘束されずに遂行している。各自がいわば自分勝手な演奏を行って、しかもその結果としてごく自然にまとった合奏が成立した場合、それは聴衆にとっても各演奏者にとってもこの上ない芸術的感動を生み出す出来事となるだろう。（木村『あいだ』37-38）

〔合奏の〕理想的な段階では、それぞれの演奏者が、すべて各自のパートを独自に演奏しているという確実な意識を持っているだけではなく、まるでそれが自分自身のノエシス的自発性によって生み出された音楽であるかのように、一種の自己帰属感をもって各自の場所で経験している。しかしその次の瞬間には、音楽全体の鳴っている場所がまったく自然に自分以外の奏者の場所に移って、演奏者の存在意識がこの場所に完全に吸収されるということもありうる。音楽のありかがこのようにして各演奏者のあいだを自由に移動しうるということは、

別の言い方をすれば、音楽の成立している場所はだれのもとでもない、一種の「虚の空間」だということになる。（同書38）

合奏においては、一人ひとりの奏者が流れ（「あいだ」）に乗りつつ自発的に創造的に音を奏でるが、それが自然と合い、大きな流れ（「あいだ」）を作る。この大きな流れができる場所があいだであり、「虚の空間」である。

ここで木村が前提としながら触れなかったことがある。対話を例にとって考えた場合、あいだで成立する対話は、つねに異質な声が響きあうポリフォニーでありポリリズムである。[1]複数の異なる声がぶつかり合うなかで、一つの場ができあがる。ときには不協和音も混じりつつときには調和することもある。いずれにしても（生活しているなかでは）**多様性がたった一つのメロディーに解消されることはない**。みんなが同じことを語り、同じメロディーを奏でているときにはそれを対話とは言えないし合奏でもない。一つの対話の流れは**複数の異質な声**がなければ成立しない。

木村自身は、一九九〇年代以降出来事が生起する人と人との「あいだ」を、人間だけではなくすべての生命体を包含する非人称的で集合的な「生命」として実体化した。生命論に傾斜することで、（言語を持たない）生物一般にも当てはまるような水準で議論が進められることになった。しかし人間は、言語・社会そして自己意識と死の意識を持つ点で動物とは一線を画す。合奏もまた高度に文化的な制度であって決して自然ではない。統合失調症の人たちは単にタイミングの持ちにくさに苦しむだけでなく、複雑な文脈を持った家族関係のしがらみや社会の問題のなかで苦しむのである（私が訪問を見学したある男性患者は、年金支給日の直前でお金が苦しくなると決まって迫害妄想が悪化していた）。妄想の核には現実生活の苦痛や不安がある。つまり対人間のタイミングに困難を抱えており、そして状況に対する応答がうまくいかなかったとして、それはあくまで社会的な文脈のなかでのポリリズムのきしみなのだ。

さらには一人の語りは記憶のなかのさまざまな会話を再現するがゆえに、一つひとつの声のなかにさらに複数の声が隠れている。たとえば私が多くの人にインタビューするなかで経験したのは、幼少時から現在にいたるさまざまな人との会話の再現である。たとえば、或る虐待へと追いこまれた女性のピアグループのなかの語りでは、パートナーからの暴力や、自分から子どもへの暴力、そして幼少期に受けた暴力や性被害が細かく再現される。そこで再現される多くの声は、葛藤や暴力に満ちている。精神科領域で出会われる語りにおいても緊張は大きいであろう。言い換えると、対人関係がポリリズムであるだけでなく、一人の人の経験もまた（調和しているにせよ、きしんでいるにせよ）ポリフォニーかつポリリズムとしてできている（トム・アンデルセンは内省のな

1　私自身、アイヴズや後期リゲティのように異質な要素が同時に進行する音楽を好むためか、「あいだ」という言葉でもそのような音響の混沌のなかでに一瞬かいま見られる調和をイメージする。他にもたとえばオーネット・コールマンやセシル・テイラーが始めたフリージャズの集団的な即興を思い浮かべても良い。

かで登場する他者との語りを「垂直の対話」と呼んでいる)[2]。これらは一人ひとりが抱える〈深層のポリリズム〉である。

それゆえに若い頃の人を飲み込む「苦痛」と、後期の合奏での「虚の空間」と「あいだ」とのちがいは、(木村の意図はどうであれ)一考に値する。「苦痛」とは主体に切迫する複雑な状況へ飲み込まれることである。潜在する生の状況はそれ自体、さまざまな声とリズムが合わさった深層のポリフォニーかつポリリズムである。これに対し、合奏における「あいだ」「虚の空間」とは深層のポリリズムを(顕在的な)音楽へと変換する場であり、処女作で「からっぽの心の中」と呼ばれたもののことである。これもポリフォニーかつポリリズムであるが、支援の現場や合奏で表面化しているポリリズムであり〈表層のポリリズム〉と名付けることができるであろう。つまり**深層のポリリズムを行為と語りへと変化しうる場が、表層のポリリズムとしての「あいだ」なのだ**。

薬物依存の女性の自助グループであるダルク女性ハウスを立ち上げた上岡陽江が興味深いことを書いている。自助グループのメンバーは何度も同じ話をくりかえし語るというのだ。そして「同じ話を心の中で落ちるまで話せ」(上岡・大嶋 2010 113)という。

自助グループのメンバーが大好きなストーリーが3つある。

一つは家族の話。たとえば私は子どものとき親がいなかったとか、うちのお母さんはこうでこうだったみたいな話。

二つめに、自助グループにつながってこう助かったっていう成功体験の話。

三つめに、クリーン（酒や薬を使わない）を続けるなかでその人に繰り返される、その人のオハコとでもいうような話。自分はこういう状況でいつもこういう失敗をくり返してしまうとか。社長との関係が悪いとか、俺はこういう人との関係は難しいんだといった話。（上岡、大嶋『その後の不自由』112）

「オハコ」の話は実は、子どものころから今に至るまでの対人関係の苦しみや悲しみの語りである。つまりかつてのぎくしゃくしたリズムである。深層のポリリズムを、グループのなかで表層のポリリズムとして定着させるためにはなんども語り直されないといけないのだ。

「あいだ」とは状況を行為や語りへと変換しうるための〈リズムの場〉のことでもある。つまり他者との語り合いの場という表層のポリリズムにおいて、状況をそれとして受け止めて、人生を意味づけすることができるのだ。「あいだ」とは、現在・過去・未来のさまざまな異質な声がポリリズミックに響き渡るポリフォニーの場であり、場合によっては外傷というきしみとも直面することを可能にするような語り合いの場のことなのである（本論の文脈での外傷とは、「あいだ」の

2　トム・アンデルセン（2015）『リフレクティング・プロセス』鈴木浩二訳、金剛出版

なかに入ることができない状況、つまり表層のポリリズムに浮上することができないままの深層のポリリズムとして存在し続けることだ)。音の河を音楽へと変容する、それがポリフォニーとしての複数の声の場面なのだ。一人の人の「からっぽの心の中」は、同時に多くの人々の声が響きあう開かれた場なのである。

とすると、精神科の医療において、あるいは私たち一人ひとりの人生においても問われているのは、いかにして「あいだ」を創りだすのか、そして**いかにして音楽を生み出すのか**という発生である。この発生を社会関係のなかで問う必要がある。そしてこの表層のポリリズムとしての「あいだ」とは、深層のポリリズムが内包するきしみを調整し、共生の力を創りだす場となる。こうして対話の場という表層のポリリズムを媒介として、その外側に広がる社会関係をも**変容**してゆく道筋を示すことができるならば、理論的な貢献があるであろう。

さて、ここまで記述してきたようなポリリズムは無条件で生じうるわけではない。次の章では、ポリリズムの基礎にあるリズムのゆるみについて、居場所から考えていく。居場所はリズムの場をある特異な仕方で具体化した場所でもある。

第3章　居場所とリズムのゆるみ

1　居場所と無為

居場所の誕生

「居場所」はおそらく二〇〇〇年頃から頻繁に耳にするようになった言葉だろう。[1] 精神科医療のなかでも居場所型デイケアや就労移行支援B型作業所のように居場所的機能を持つ場が作られてきた。もちろん居場所そのものはおそらく人類の誕生以来ありつづけたものであろうが（言い

1　かつて居場所の同義語だったと思われるサードプレイスという言葉は二〇世紀後半から使われるようになったようだ。Oldenburg, Ray. (1989). *The Great Good Place*. New York: Paragon House. 邦訳（2013）『サードプレイス』忠平美幸訳、みすず書房。最近は belongings という語も耳にする。

換えると人間にとって必要欠くべからざる環境なのだろうが）、二一世紀になって居場所がクローズアップされるようになった背景には、二つの文脈がある。

一つは困難の文脈だ。高度経済成長から新自由主義の進展にともなって地域の共同体が壊れていき、競争社会が浸透してさまざまな排除が正当化されたため、とりわけ弱い立場に置かれた人の「場」が失われ、「居場所」をあえて人工的に作り出す必要が生じたのだろう。伝統的な居場所がいつの間にか失われていたということが（バブルの崩壊と一九九八年の通貨危機以降の経済の破綻にともない）露呈した。社会全体がゆとりを失い、ゆとりを確保するための居場所を新たに作る必要が生じている。その後に続いたインターネットとSNSの普及はとくに若者にとってリアルな場所の不在を際立たせることになった（居場所という言葉が流行している原因を学生に問うと、SNSの普及への対抗運動だとする回答が多くある）。（経済的な文脈と、医療と福祉の地域化・脱施設化の流れのなかで）二〇〇〇年代初頭に、日本の福祉制度は介護保険の制定や児童福祉法の改正など大きな岐路を迎えた。こうしてフリースクールや放課後等デイサービス、精神科デイケア、就労移行支援B型作業所、高齢者向けのデイサービスといったさまざまな形の居場所事業が制度化されていった。

もう一つの文脈は自発的なものである。浦河べてるの家や、私が関わっている大阪市西成区のこどもの里は、一九七〇年代後半に精神障害者や子どものニーズに応える形で自然発生的に生まれた居場所である。過疎地域の精神障害者が集う場所や、大都市の貧困地区で子どもたちが集う場所が、この時期に自然と生まれたのだった（さらにその先駆者として一九六〇年代後半からの脳性まひ当事者による自立生活運動がある（熊谷 2020）。高度経済成長期には、身体障害者・精神障害者・虐待から保護された子どもが大規模施設に収容された（当時はそれが「福祉」と考えられていた）。障害を持つ人が再び地域で暮らすための脱施設化の運動と、地域での居場所の創設とは連動している。[2]

二〇〇〇年代に当事者研究やオープンダイアローグといった仕方で具体化していった対話の文化もまた、困難を抱えた人たちが（施設を出て）地域で暮らしていく動きのなかで生まれたものだといってもいいだろう。つまり新自由主義の進行に対するカウンタームーブメントとして居場所と対話の文化が密かにかつ自発的な仕方で日本そして世界の各地に拡がっていったのだ。

居場所と無為

居場所とは人が自由に「来る」ことができ、「居る」ことができ、「去る」こともできる場所である。

さらに言うと、「何もせずに」居ることができる場所であり、一人で過ごしていたとしても孤独ではない場所である。なぜ一人で居ても孤独ではないかというと、誰かがそこでその人を気に

2　こどもの里には、ときに子どもたちが自らＳＯＳを発して駆け込んでくることがある。一九八〇年代から緊急避難のショートステイそして二一世紀に入ると里親となっていく。現在はファミリーホームを館内にもつ遊び場である居場所が緊急時に避難場所になるということは、日常的な居場所の連続性のなかで居場所が保護機能を持つということでもある（村上『子どもたちがつくる町』世界思想社 第1章）。

かけ見守り、放っておいてくれるという感覚があるからである。逆説的だが、居場所とは人と出会える場所であり、かつ一人にもなれる場所のことだ。
居場所がもつこのとらえにくいが大事な機能については東畑開人が鮮やかに描き出した。東畑はとりわけ居場所型デイケアがもつ「何もしない」という特徴の意味を考察した。

だけど本当にふしぎなのは、何かふしぎなことをしている人ではなく、何もしていない人たちだ。多くの人が、デイケア室でただ座っているだけなのだ。話をするでもなく、何かを読むでもない。ときどきお茶を口に含むことはあったけど、基本彼らは何もせずにただただ座っていた。こんな風景見たことない。僕はそれまで、誰も彼もがセカセカと何かをしている世界にいたからだ。（東畑『居るのはつらいよ』35）

実は私自身も数年前に精神科デイケアでのフィールドワークを試みかけたことがあったのだが、今思うとこの「何もしない」ことに耐えられなくて調査を断念した。居場所では行為が必要とされない。あるいはむしろ状況を変化させようとする行為は禁じられているのだ。以下では、来ても来なくてもよく、何もしなくてもよいというあいまいさの持つ意味について考えていく。

居場所と遊び

無為に加えて居場所にはもう一つの特徴がある。それは自由な遊びが生み出される場所であるということだ。たとえば居場所型デイケアのプログラムも目的を持たない遊びとも言える。そしてこどもの里のような子どもの居場所では、文字通り子どもは自由に遊ぶ。私は子どもの居場所を調査しているので、思い思いに自由に遊ぶ場所としての居場所の意味を強く感じている。精神科デイケアの場合は、自由に遊ぶことが難しい人たちのためにプログラムをあえて作って遊びを生み出そうとしていると感じるが、もともとの居場所がもつ無為は、自由で即興的な遊びにつながっているだろう。

遊びは、他に目的を持たない行為だ。「〇〇のため」ではなく、ただそのことが面白い、ということである。そして、それが面白いかどうかは、その子にしか決められない。決めるというより、感じるしかない（西川 2017 37）。

目的を持たないゆえに、居場所は戯れの場・遊びの場となる。遊びは社会のなかに目的を持たない。遊び自体が遊びの目的だ。居場所が遊びの場になるのは、居場所の本質に無為があり、無為が無目的の遊びを可能にするゆえだろう。遊びは、社会状況へと介入する行為・実践と対立する。遊びはあくまで遊びの瞬間のなかでの動きであり、遊びの空間の外にある生活や社会の状況を変化させるわけではない。ごっこ遊びがその典型であろう。仮面ライダーごっこは現実世界の悪を倒して世界平和を打ち立てるわけではない。

居場所での遊びは創造的な自発性に恵まれるが、それ自体は社会情勢を変化させることも家族関係を変化させるためのものではない（そして自発性が重要であるがゆえに、西川正が示したとおり制度化された途端に形骸化する）。べてるの家の当事者研究は遊びのバリエーションの一つであるとも言えるが（ウィニコット的には学問も含めて創造的な文化的営みはすべて遊びの派生形である）、社会で役立つアイディアは手に入るかもしれないが、当事者研究そのものが生活の変化であるわけではない。当事者研究で得られる生活上のアイディア・手がかりは、あくまで当事者研究という、生活の場からは切り離された中間領域でメンバーと共同で創造性が発揮された結果生まれるものだ。社会へと介入する行為とは別の活動である遊びは、居場所という社会からの退却を前提とする。

2　居場所のリズム

リズムのゆるみ

無為と遊びという特徴を挙げたうえで、本章で話題にしたいのはこの居場所がもつリズムについてである。居場所は独特の時間と空間をもっている。東畑は状況が変化しない居場所の時間を「円環的な時間」と呼んだ（東畑 2019 126）。そして円環的であるということは居場所の無為が〈永遠の現在〉であるということだ（エリアーデが描いたアボジリニの夢の時間のような神話の時間につながる)。

また、言語学者ギュスターヴ・ギヨームは動詞を論じながら二つの時間を区別した。ひとつは「内に折り込まれる時間 le temps impliqué」だ。[3]「食べる」と「食べ切る」のニュアンスの違いのような、進行形や完了形といった質の違い、リズムの違いであり、現在＝現前のなかでの時間の緊張にかかわる。もうひとつは「外に繰り広げられる時間 le temps expliqué」であり、こちらは過去、現在、未来で分節されて現実の世界のなかで年表やスケジュールとして繰り広げられる。居場所の時間もこの二つの側面から考えることができる。つまり居場所でそのつど内包的に経験される無為のリズムの意味と、居場所が繰り広げる連続性の意味だ。

まず前者の「現在＝現前の内に折り込まれる時間」から考えてみると居場所がもつ円環的な時間のもつ固有のリズムが見えてくる。

さまざまな活動に忙殺される日常生活のなかで、居場所は喧騒から逃れる特異点となる。あわただしい毎日を送っている人にとっては、緊張感から解放される場所である。あるいは学校や家でいじめや不和によって居心地が悪く、まさに「居場所がない」と感じられている人にとっても、

3 Guillaume, G. (1994). *Langage et science du langage*. Paris: Nizet. 47-48。マルディネのリズム論におけるギュスターヴ・ギヨームの時間論を参考にしている (Maldiney, H. (1973/1994). *Regard, Parole, Espace*. Lausanne: L'age de l'homme. 160-162)。訳語の選択は小倉拓也氏による試訳を参考にした。

緊張感から解放される場所である。つまり多くの場合、緊張に対する弛緩が居場所の特徴となる。日常の生活がもつリズムが解除されてゆるむのが居場所である。今現在においてあわただしいのかゆるんでいるのか、というリズム＝強度の違いである。このゆるみは、居続けて良いし何もしなくて良いことと並んで居場所の大きな特徴となる。社会生活という動的でありかつ緊張感のある経験は、静的でゆるんだ時間を必要とする。[4] **円環的時間**とは、現在が次の現在へと展開していかないということだ。現在＝現前しか存在しない時間であるといっても良い。[5] 外に繰り広げられる時間という視点から見ると居場所の時間は円環的であり、内に折り込まれる時間という視点から見た時間は**〈リズムのゆるみ〉**である。

このような居場所のゆるみに対して繊細な感覚を持っていたのがよしもとばななだろう。多くのよしもとばななの作品は、居場所とそのリズムを描いている（ただしよしもとの場合、大抵は一対一の親密さとして描く点が、今話題にしている複数の人が構成する居場所とは異なる）。


「まことくん、どうして明かりは暖かい感じがするのかなあ。夜の明かりは。」

その時、いつもの午後、私はまことくんの膝に頭をのせていて、そしてそうたずねた。

〔…〕

まことくんはしばらく考え込んで、こういった。

「ううん、僕、中にいる人の、そのまた中にある明るさが、外に移っているから明るくてあったかく感じるんじゃないかと思うんだ。だって、電気がついていても淋しいことって、たくさんあるもの。」（よしもと「あったかくなんかない」『デッドエンドの思い出』156-157）

よしもとは、誰かとともに何もしないでたたずむことを守ろうとする。そして居場所の平安が外的な事情で破られる場面もしばしば描いてきた。

くりかえしになるが、「無為」でありうるとは、行為によって状況へと介入する必要がないということでもある。私自身は行為を軸として主体や対人関係を考えがちだが、行為が不要になる場面の重要性を今は確認する。社会生活においては（朝起きて学校や職場にいくといった）社会の規範や状況から要請されるテンポがあり、強いられるテンポに乗りながら、緊張感のある行為の自発的なリズムを作っている（私が医療や福祉の現場で観察してきたのは、複雑な行為のリズムの形だった）。このような規範のテンポと行為のリズムが必要とされないことは、この居場所のゆるみの大きな

4　精神科デイケアの場合は逆向きのリズム構成になることもある。無為に自宅で過ごしている人にとって、新たなリズムを作り出す働きをデイケアが担うことがあるだろう。この場合生活の方でリズムが緩み、デイケアでリズムが生まれる。ただしこの場合でも自宅が安心できる場所だったわけではない。多くの人にとって自宅は緊張感と焦りに満ちた場所でもあろう。その意味ではデイケアのような場所がやはりゆるみを生む。

5　マルディネ（1973/1994）はギヨームが不定詞のもつリズムを論じたときにアボリジニの夢の時間に触れている（Maldiney 161）。

特徴となる。

リズムは行為の生成の内的な分節だ。状況へと応答する活動である行為は固有の内的なリズムに従って分節する（そしてこのリズムは、中井久夫が患者とともに年表を作ることで示したように、家族関係、生育歴、社会状況、身体の調子といった複数の文脈のポリリズムの総合でもある）[6]。ところが、居場所とは（たとえそこで子どもたちが激しく遊んでいたとしても）行為の緊張と社会の文脈からは解放されて、ゆるむことができる場所である。その意味で、反行為であり、（世界に対抗する**強度としての「自我」**とは逆向きの）**ゆるむ「自己」**である。

遊びのリズム

さて、遊びは社会的行為のリズムでもなければ、居場所におけるリズムのゆるみでもない、第三のリズムをもつ。居場所で展開される遊びは（社会状況とテンポに応答する社会的行為のリズムとは区別される）固有のリズムをもつが、これは無為というリズムのゆるみからの湧出であるがゆえに、自由さと創造性をもつ。この居場所のゆるみをウィニコットは「形がない状態」と呼んだ（Winnicott 1971 33-35）。自発的で創造的な遊びは、緊張から解放された「形がない状態」を出発点とする。遊びのリズムとは、新たな形を生み出す運動（あるいは遊びの運動のなかの一瞬の形）である。リズムのゆるみ（＝形のない状態）は遊びや芸術の創造性のベースとなる。居場所においては強いられることなく、リズムの場が遊びのリズムも準備する。円環的な時間において（社会が持つ直線的な時間からは）宙吊りにされることで、遊びの自由な展開が許される。

まとめると、生のリズムには存在論的な層がある。(1)社会規範が要請する一定のテンポ、(2)目的に向けて組み立てられる社会的な行為のリズム、(3)居場所において（社会のテンポから解放された）リズムのゆるみ、(4)自発的で無目的な遊びのリズム、である。

さらに以上の四つと対立するもう一つのリズムがある。それは逆境がもつカオスがはらむ無秩序なノイズやきしみである。第2章で木村敏を論じた際の人を飲み込む「苦痛」は逆境の緊張と対比されている。カオス・ノイズとの対比における居場所として、精神科医療においてはレスパイト、児童福祉においてはショートステイや（一時保護所ではなく民間で稀に行われている）緊急一時保護といった具体例を見つけられる。

子どもたちの遊び場でありかつ避難場所としてのショートステイやファミリーホームでもあるこどもの里の代表荘保共子さんは私のインタビューで次のように語った。

> だから子どもは、やっぱり自分が本当にしんどいときには自分が家出をするっていうの、よっぽど何か理由があるということですよ。うん。
> だからその理由を、やっぱりちゃんと聞くということやね。ちゃんと聞いて、で、分か

6　中井久夫（1982/2014）『〔新版〕精神科治療の覚え書き』日本評論社 46.86

れへんでも取りあえず、「帰りたくなかったら、ま、ここにいていいよ」って。「きょう、泊まっていき」っていうことが言えるっていうのは、それはだから、そういう子どもたちが、そういうふうに、そういう場を作ってくれたんですよ。ここをね。だから緊急一時〈保護〉にっていう形でなってます。（村上『子どもたちがつくる町』57）

生活のなかでなにか大きな困難を抱えた子どもは、居場所・遊び場であるこどもの里にSOSを出して逃げ込んでくることもある。カオスとなった世界と、避難場所としての居場所のゆるみが対比され、架橋される。そういう子どもたちをこどもの里は必ず匿う。

通奏低音としての存在の肯定

ゆるみに続く居場所の時間性の二つ目の位相は、居場所がずっとそこにありつづけることだ。居場所は、現前という内に折りたたまれた時間ではゆるみというリズムを生み、外に繰り広げられる時間としては継続するというリズムを持つ。行為のリズムの強度は瞬間的なこともあるが、ゆるみは瞬間的ということはない。ゆるみは始まりと終わりがはっきりとはしないが、過去・現在・未来とくり広げられる時間において居場所は連続性という姿を取る。[7]

さらに、居場所には三種類の連続性がある。一つは、参加する人自身が居続けられるという本人の感性における内的な連続性、もう一つは同じ住所にいつ行ってもそこにあるという物理的な場所の連続性、三つ目は同じ人と会えるという対人関係の連続性である。

何もしなくてもそこに居られるということは、その人の存在がそこで肯定され続けることである。「在る」と「居る」はともに英語では be つまり「存在」である。しかし居場所の存在論においては「居る」と「ある」が区別される。「ある」は事実の確認だが、「居る」は絶えず肯定されないと「居る」ことにならない。人間の存在は他の人から肯定されることと肯定の持続を条件として含みこむ。事物が「在る」ことと私が「居る」ことは区別される。ある特定の場所に具体的に「居る」という意味での存在は、身体とともに連続的に居ることができるときにのみ成立する。居ることとの連続性は、存在の肯定の表現なのだ。この肯定が、通奏低音として居場所に横たわっている必要がある。

序章で見たようにバンヴェニストがリズムを〈移ろいゆく運動がとるそのつどの形〉というように定義したのにならえば、私自身はリズムそのものは〈不断に変化していく〉と考えている。同じ音型が繰り返され続ける通奏低音やロックのベースラインは、〈ベースのリズム〉であって、変化するリズムは〈ベースのリズム〉に乗る。場の安定を作る通奏低音はそこでリズムが生まれる基礎である。社会規範に強いられるテンポに対して、居場所には〈遊びのリズムを支える自発的

7　ギヨームの動詞論に引きつけるならば、内に折り込まれた時間という視点では「不定詞」的であり、外に展開する時間としては連続性として見える。

な）通奏低音かつベースのリズムがある。リズムがゆるむ場で、ベースとなるリズムが生まれ、ベースのリズムに乗って遊びのリズムが生まれる。

「居ることができる」という存在の肯定の連続性は、物理的な環境の連続性と内実をともなった対人関係の連続性という二つの条件によって支えられる。とりわけ居ることを肯定する対人関係の継続が、居場所の連続性を保証する。たとえば認知症高齢者とのコミュニケーションの技法であり高齢者の尊厳を守る思想であるユマニチュードのようなケアの場面でも、対人関係が存在を肯定するということを出発点においている。

母親から産まれた人間は、まず生物学的な第一の誕生を経験しています。そして人生の最初の他者である母親から、人としてのまなざしを受け、声をかけられ、優しく触れられ、適切な世話を受けることによって、自分と社会とのつながりを感覚として受け取り、その後、兄弟や祖父母、友人、仲間や隣人など多くの他者の中で成長していきます。〔…〕

まわりの人からまなざしを受けること、言葉をかけられること、触れられることが希薄になると周囲との人間的存在に関する絆が弱まり、〝人間として扱われているという感覚〟を失ってしまうおそれがあります。（本田、ジネスト、マレスコッティ『ユマニチュード入門』36）

目を合わせることや触れることによって得られる「人間として扱われているという感覚」が存

在の肯定であり「居る」という感覚の核にある。対人関係の連続性は居場所がもつ大事な要素のうちの一つである。永遠に続くものではないかもしれないが、ある継続的なスパンという独特の時間性を要求する。

居場所は特定の建物の連続性と関係することが多いが、そこに縛られない。建物ではなく特定の人物との関係が居場所の役割をすることもある。居場所はある程度好きなだけ長い期間居ても良い。もしかすると「卒業」ということがあるかもしれないが、またふらっと戻ってくることもできる場所である。ふらっと戻ってこられるという間欠性は、居場所の連続性が潜在的に続いているということを示している。

西成区のわかくさ保育園に勤めていた保育士の語りを引用する。かつて「園児」だった青年が保育園というかつての「居場所」に戻ってくる場面だ。

西野　〔その青年の〕大量破壊はやっぱ、その〔小学校の〕卒業式の前日やったんですけど。で、その子の中学の卒業式は、僕が一緒に少年院で迎えたんですね。だから、鑑別所も、少年審判も、意見の聴取も、少年院への面会も、全部僕が行っていて。〔…〕やっぱり、そんなん僕らの仕事じゃないですよね。仕事の範囲じゃないんですけど、そこにやっぱり付き合っていかないと回復とか解決ってのはなくって。その子がね、先週、保育園に来て。で、もう二〇歳になるんですけどね。「にしっぺ」とかって。で、「懐かしいな、おまえ」とか言いながら話してたら、「もう二〇歳になったら、もういろいろ問題起こしたら、ぼちぼちやばいで」とかいう話をしたら、「そうやな、次はもう少年院じゃないもんな」って、本人が言って。「せやで」って。「次入る所はちゃう所やで」とか言うて、〔冗談で言ってたら、「せやな、にしっぺ、どこまでやったら迎えに来てくれる？」って聞くんですよ。

村上　ハッハッハッハ。

西野　「まあ、どこまででもおまえのことは行くけどな」って言って、「そんな行かすようなことはせんとってや」って言うて、「仕事頑張ってるか？」ってってたら、「頑張って現場行ってる」って話をしゃるから、うれしいですよね。

〔…〕僕たちは、その人が、何になろうが、付き合うんですよ。うん。そういう受け入れる場所なんですよってというふうなところが、なかなかちょっと〔世間では〕理解が難しいみたいで、居場所って、そうで。（村上『子どもたちがつくる町』241-242）

たしかに保育園という建物も連続しているのだが、少年院を出た青年が保育園を訪ねてくるのは、たびかさなる「問題行動」にＳＯＳを感じとってずっと伴走してきた保育士がそこに居るからである。保育士との関係の連続性が、居場所を居場所たらしめ、ふらっと帰ってくることを促すのだ。青年にとって保育園は常に居場所であり続けているがゆえに、ふらっと帰ってくる。そして青年の波乱に満ちた生活と保育園との対比もまた際立つ（少年院にいたるほどの「問題行動」と、その背景にある家庭環境の困難が青年の「社会環境」をなしている。波乱に満ちたストリートとのコントラストで安全安心な保育園という居場所があるのだ）。

世界における出来事と行為の連鎖は、その背景で連続的な無為と（出来事のない）平穏を必要としている。奇妙な存在論だ。人は世界のなかにリズムとして登場するとしても、リズムがゆるんだゼロの状態を、リズムは必要としているのだ。

3　居場所と内包的な空間構造

同心円の見守り

ところで「暖かい感じ」で実現する対人関係はよしもとばななの小説では一対一だが、居場所の対人関係はむしろ一対一に限られない。それほど多くはない人数の顔見知りの集まりというあいまいなあり方をもつ。存在の肯定は一般に顔見知りの集まりにおいて成り立つ。次の場面は、私がよく訪れるにしなり☆こども食堂の主催者川辺康子さんの語りだ。

川辺　**うち**に来てる若いお母ちゃんがね、母子家庭で生保（生活保護）ももうてたんです。

で、子ども保育所行ったら、帰ってきたらもう何もすることなくて、ダラーッとしてやる子やったんです。で、「もう私なんかどうでもいいし」みたいな。

やっぱここに来てね、ここで人と関わる。で、子どもたちと関わって、**表で**〔子どもたちが〕自分を見てくれて、自分に声をかけてくれる。それがね、ちいちゃな子ども〔から声をかけられるの〕でも、やっぱり「私って一人じゃないんや」って思えるんですって。（村上『子どもたちがつくる町』135-136）

この場面では、子ども食堂において子どもが見守られるだけでなく、付き添いに来た孤独な母親が子どもたちから見守られるという構造が実現している。居場所ではそこにいる皆がフラットなピアになり、それによって〈見守りの同心円〉とも呼べる構造が成立する。居場所に集う全員が対人関係の連続性をつくる母体となる。そこにいるメンバーたちによって気にかけられ、さらに先ほどのよしもとばななの引用にかいま見られたような一対一の関係も成立していることで、存在は肯定される。この集団性は居場所の大きな特徴だ。互いが強い関心を持ち合うわけでもないが、そこにつどい、二、三人で談笑するような場所は、どの居場所にも共通する特徴だ。このような場所があれば「表で〔…〕声をかけてくれる」、つまり存在の肯定が居場所の外へと拡がっていく。

地域のなかに囲まれた場所があり、そこで成立する同心円状の集合的な見守りがあり、さらににそのなかで数人のグループができる、外から壁を作って囲い込み閉じ込めるのではなくメンバーの間で自ずと「うち」が生まれる集合の構造こそ、居場所が登場するときに際立つ世界の空間構造だ。この点を最後に論じたい。

地域のつながりの結晶化としての居場所

居場所と外の社会との関係を見ていこう。居場所は単独で成立するわけではない。少なくとも私が西成で観察している限りにおいて、居場所が生まれるためには潜在的にそれを生み出す地域の人的なネットワークがある。言い換えると地域に拡がる潜在的な人的資源が、ある家屋において集約したものが「居場所」と言われるものだ。それゆえ居場所において参加者が実現する「うち」という内包空間は、**地域の人的ネットワークという共同体の連続性**の結晶化でもある。そしてピアサポートや支援者による人的ネットワークが生まれる背景にはしばしば、これを要請する社会状況の困難が控えている。それゆえ逆境、地域の人的ネットワーク、居場所の集団的な見守り、居場所のなかにできる小グループといった内包関係にある層構造から地域共同体を考えることができる。

社会的に恵まれた人は（その人がもつネットワークに乗って）自由に移動し、比較的自立して居場所を求めやすいだろう。そして複数の居場所を使い分けることも珍しくはない。しかし困難を抱えた人は孤立しやすく、居場所を一つ見つけることも容易ではない。困難を抱えた人にとっては、地域において**生活を支え合うネットワーク**があって初めてそのなかに安全な居場所が生まれる。

浦河べてるの家は当事者研究で有名だが、浦河の町に住む当事者の人たちとスタッフたちが支え合う生活のなかで拠点として機能している。当事者研究やSSTの背景には、「三度の飯よりミーティング」という職場（＝居場所）づくり、そしてグループホームなどでの日常生活のなかでサポートし合うつながり、という内包する空間構造がある。「安心してさぼれる」職場を作るとともに、地域のなかで当事者とスタッフが混じり合って暮らしサポートしあっている。

こどもの里の場合は、釜ヶ崎を中心に広がったわがまち西成子育てネットという七〇団体からなる子ども支援の団体の官民にわたるつながりのなかに位置づけられる。さまざまなアウトリーチの活動があり、家庭訪問をしながら母親の声を聴き、居場所では集まってきた子どもの声を聴く。困難を抱えた母親を支援しない限り子どもは安心して遊べないため、母親に対してアウトリーチで生活のサポート、すなわち保育園への送り迎えを手伝い、役所や病院への同行といった支援をする。これらと子どもの居場所が生まれることはセットになっている。アウトリーチにおいて母親の声を聴き、居場所において子どもの声を聴くという両面が補い合う。貧困や母子家庭あるいはステップファミリー、障害や依存症といったさまざまな条件を抱える人にとって、社会はそもそも困難が累積している場所である。自分だけの力ではいかんともしがたいからこそ困難なのであり、サポートがあって始めて生活がたちゆく。

困難を抱えた人が多い地域で居場所が生まれるときには、同時に地域全体に浸透したサポートも生まれている（どちらが先なのかは、場合によって異なるのだろう）。この場合、地域全体に広がった人的資源のネットワークが結晶化した結節点が、居場所として具体化しているのだ（精神科デイケアの場合でも、訪問看護やヘルパーと連携しているだろう）。地域での生活のリズムを整えることと、居場所におけるリズムのゆるみと遊びの自由なリズム、これらが組み合わさるポリリズムが生み出される地域が健康な地域だろう。地域での居場所の誕生をポリリズムを整えるという視点から考えることもできる。[8]

沈黙と対話の場としての居場所

居場所は、外界の出来事を、遊びの表現へと変換することをゆるす。外界のノイズ・カオスを表現のリズムへと変換する。それゆえに、場所は自ら（の苦労）を語ることができる場所であり、

8　逆に言うと、地域のなかでの人的資源が乏しくサポートが得られない場面では、特定の家屋に集まる居場所が生まれず、**仲間内のピアサポート**だけが居場所的に機能するというような姿をとりうる。たとえば上間陽子（2018）が『裸足で逃げる』（太田出版）で記述した性風俗で働く女性たちは、中学時代の仲間との助け合いのなかでパートナーの暴力から逃れ、子育てを助け合い、生き抜いていく。このとき仲間たちは固定した場所にいるわけではないが、生存のための拠り所として、居場所として機能するのだ。彼らはかろうじて仲間のピアサポートのなかで生き延びていく。上間の描いた場面では、物理的な家屋として居場所が登場するわけではない。そのような結晶化した場所がないままに内包的な見守りと人間関係の連続性が居場所の機能を果たしている。上間（2020）『海をあげる』（筑摩書房）ではそのようなピアのつながりすらもたない少女たちが描かれる。

同時に語らなくてもよい（みんなのなかで一人になれる）場所である（苦労の渦中である社会のなかでは語りだすことはできない）。みんなのなかで一人で居ることができる状態は、言葉が生まれるためのゆりかごである。

「何もしなくてもよい」場所としての居場所は、「話をしなくてもよい」場所でもある。この沈黙は秘密を守るために黙秘するということではなく、安心して静寂を保つこととしての沈黙である。これはリズムのゆるみの別名でもある。自らを表現する言葉は、このような沈黙を母胎として生まれる。なので「語らなくてもよい」という居場所のあり方は、言葉が生まれるための条件ですらある。沈黙することができるがゆえに、語りだすこともできるのだ。

沈黙ゆえに外界のざわめきを表現へと集めることができるのは、作曲家の武満徹が邦楽について指摘していたことである。一見関係がないように思えるかもしれないが、音楽という遊びが可能になる場（＝居場所）を思えば、荒唐無稽な連想ではないだろう。

能楽の一調におけるように、音と沈黙の間は、表現上の有機的関係としてあるのではなく、それらは非物質的な近郊のうえにたって鋭く対立している。繰りかえせば、一音として関係しうる音響の複雑性、その洗練された一音を聴いた日本人の感受性が間という独自の観念をつくりあげ、その無音の沈黙の間は、実は、複雑な一音と拮抗する無数の音の犇（ひし）めく間として認識されているのである。

つまり、間を生かすということは、無数の音を生かすということなのであり、〔…〕尺八の名人がその演奏の上で望む至上の音が、風がくちた竹やぶを吹きぬけ鳴らす音であるということは、こうした日本の音楽の在りようを直截に示している。（武満『武満徹エッセイ選』148）

安心の確保によってリズムがゆるむ場所とは、沈黙から出発して、静けさのなかに外界での喧騒を遊びや作品へと集めることができる場所でもある。自らの経験を語りによって秩序立て、他の人とシェアすることができる場所となる。ウィニコットは自らのキャビネットをプレイルームにして、子どもたちがくつろいで遊べるように最新の注意を払っていた。また、大人の分析セッションのときにもクッションを床にも並べ、紅茶とクッキーを用意してくつろげるようにしていた（Winnicott 1971 61 note2）。外傷体験を持つ人の診療を多く手掛けた彼にとって、このくつろげることはノイズ（トラウマ）を語り（リズム）へと変換できるようにするための重要な条件だったのだ。リズムのゆるみと遊びのリズムのコントラストは、沈黙と対話のコントラストという姿も取るのだ。

安心できる居場所を持たない人は言葉を持てなくなる。制度のすき間に追いやられて社会から見えなくなってしまった人は言葉を失ったサバルタンである。居場所はそのような人が言葉を掴みだす場所となりうる。つまり言葉を奪われたところから言葉が生まれる場所、言葉が発生する空間、沈黙が可能である場所が、本章での最終的な居場所の定義となろう。このような場所は、リズムのゆるみと遊び（創作）のリズム、同心円状の内包的な空間構造から記述できるのだ。

第I部ではポリリズムがどのような経験なのか素描してきた。次の第II部ではポリリズムを生み出す対人のずれやタイミングの構造を考える。ずれとタイミングは危機的な場面で何が起きるのか、という問いとも重なる。

第Ⅱ部　身体の余白と出会いのタイミング

第Ⅱ部ではポリリズムが、ずれたり合ったりするタイミングに焦点を当てる。リズムがずれ違ったままであることもあれば、幸運にも調和することもある（逆に不運な出会いもある）。タイミングという角度からアプローチしていくと、リズムは出会いと出会いのこの瞬間に、屹立するものとして現れてくる。以下ではポリリズムの組み替え、すなわち世界の再構成が前面に立つ。そのため医療において変化が起きる場面がいくつか話題になってくる。私が医療現場で実践を聴き取っていくなかで出会った印象的な瞬間が、どのような構造を持っているのかをここでは考えていきたいと思っている。

唐突に思えるかもしれないが、第Ⅱ部のイントロダクションとして藤子不二雄Ｆの『ドラえもん』に触れる。ドラえもんはのび太の勉強机の引き出しから突然登場した。そのままのび太家に住みつき、のび太がピンチになると、四次元ポケットからさまざまなひみつ道具をとりだし、のび太を助けケアする。空を飛べるタケコプターも、瞬時に行きたい場所に行けるどこでもドアも、自分の姿が見えなくなる石ころ帽子も、どれものび太の万能感を満たす道具たちだ。ひみつ道具はそれによって世界が少し組み変わり、のび太が陥っていた困難が解決する。とりわけひみつ道具は少しだけ対人関係を組み替えてくれる。そしてこれらの道具は登場する適切な場所とタイミングがある。TPOが合わなければ、道具はまったく意味を持たない。

ところでいくつかのひみつ道具は、うまく働かないときに特徴をかえって際立たせる。たとえば「どくさいスイッチ」は、思うようにならない出来事にいらだつのび太が、気に障る人の存在をどんどん消していくボタンだが、最終的にのび太は独りぼっちになって支えを失う。万能感の具体化のはずが、人がいなくなった世界はディストピアに変容する。中井久夫が「ドラえもんは、〔…〕のび太に現実原則を教える機械である」と書いたのは、万能感は社会に合わせてほどほどに抑えないといけないという意味でだ。都合の良い空想は実現しても悪い結果をもたらすのだ（中井 2011 118）。万能感の限界を、ひみつ道具はアイロニカルに教えてくれる。どくさいスイッチは孤立の象徴になり、（のび太を助けてくれるひみつ道具とは異なって）対人関係を再編するのではなく消失させる。ひみつ道具を起点として対人関係の構造が組み変わることの極端な例がどくさいスイッチである。

ドラえもんのひみつ道具は世界の諸リズム（ポリリズム）が組み替えられるポイントで登場する。のび太（そして読者）の願いが凝縮しているひみつ道具が登場すると、否応なく状況のリズムは再編成されドラマが起きてしまう。ひみつ道具が無限に多様なのは、人の願いはそのつど個別的なものであり、状況（ポリリズム）の組み替えつまり出来事も個別特異的なものだからだ。世界は無限に多様なポリリズムへと開かれている。そしてリズムが再編成されるタイミングで「ひみつ道具」が出現する。のちほど、ある精神科病棟でそのような「ひみつ道具」が思いがけず登場したことで、対人関係と患者本人が大きく変化した場面を描く。

さて、まずはポリリズムがすれちがったまま脱臼する構造を抽出したテキストとして芥川龍之介の「藪の中」を取り上げる。リズムが出会うタイミングの前に、本源的なずれについて触れておきたいからだ。そもそも日常の人間関係の出発点は調和ではなく、むしろすれ違いや衝突だろう。

第4章　ポリリズムを生む身体の余白――芥川龍之介「藪の中」

1　状況の穴とナラティブの錯綜

同じ状況について人によって見方が異なるということは、日常でも私たちがしばしば経験することである。見解の違いから対立が生まれることもしばしばある。このような行き違いが起きるのは、一つの状況が常に複数の人に共有されているからだ。私にのしかかっている状況は、複数の人間からなる人間関係を伴っており、他の人にも経験されている。そして状況はそれぞれの人にとって少しずつ異なる与えられ方をする。

他方で、一つの状況を複数の人が共有するだけでなく、私たちが常に一人で複数の状況を背負っている。家族、職場、実家、友人、ネット上の交流、病気があれば医療をめぐる医療者に巻き込まれた状況などである。それぞれの個別状況に関係する部分もあるかもしれないが、すべて異なる状況である。それぞれの人が異なる立場から、異なる背景を背負いながら或る状況に臨む。あるひとつの状況は、人によって見え方、意味が異なってくる。そもそも状況は必ず複数の人の連環のなかで生まれるのだから、一人の個人に属するものではない。裏を返すと一人の人にとっては見えない側面が必ず残るということでもある。状況は必然的に死角を持ち、私たちから〈こぼれ落ちてゆく〉。ポリリズムの核にはこの死角、消しがたいずれがある。

芥川龍之介「藪の中」は、一九二二年、著者二九歳のときの作品である。舞台は平安時代、ある男が殺された事件をめぐって、容疑者多襄丸、被害者の妻、被害者本人の霊といった当事者たちの証言が食い違う。芥川は「真相は藪の中」という、状況の不可解さを鮮やかに描いている。「藪の中」全体は、藪に生い茂る杉や竹、青芒（あおすすき）の青、[1] 縹色（薄青色）の水干[2]と紺の水干の青、[3] 瀕死の被害者が仰ぎみる「藪の空」、終結部での夜といったように、紺と青色が基調となる。すべてが海のなかで起きているかのように青いのだ。さまざまな亀裂が入って断片化しているこの作品を一つの世界へとまとめ上げているのは、おそらくこの青のグラデーションである。と同時に青という色は、作品が描く謎、死角、亀裂、闇を示してもいる。

私たちが背負っている状況は、様々な文脈が絡みあい、理解不可能な死角を持ち、この死角に促される形で、行為が形成されてゆく。状況の穴についての考察は、行為の考察へとつながってゆく。逆に言うと、行為というポジティブな現象の背後には、状況の穴や死角というネガティブなこぼれ落ちが隠れていると。

2 「藪の中」前半、あるいは〈藪の外〉の分析

互いの視点の違い

「藪の中」は二部構成になっている。前半は、京都山科の山中で発見された男の遺体をめぐって検非違使に問われた四人の証人の語りだ。後半に、殺害現場に居合わせた当事者である盗人多襄丸、被害者の妻、（巫女に憑依した）被害者の霊の語りが続く。実際に語る登場人物は以上の七人であるが、証人四人と多襄丸の語りを聞く検非違使、そして清水寺での妻の告白の聞き手、巫女（殺された男の霊）の聞き手がいる。つまり告白をする登場人物七人の他に、三人の聞き手がいる（そのうち二人は誰だかわからない無名の人物だ）。そして最後に被害者の語りに二回登場する「誰か」がいる。語り手だけでなく、聞き手までもが複数に分裂しているのである。さらに第二部で

---

1 「それ（多襄丸をふり落とした馬）は石橋の少し先に、長い端綱を引いたまま、路ばたの青芒を食って居りました。」（放免の語り）

2 「死骸は縹の水干に、都風のさび烏帽子をかぶったまま、仰向けに倒れて居りました。」（木こりの語り）：「夫はわたしを蔑んだまま、「殺せ。」と一言ひとこと云ったのです。わたしはほとんど、夢うつつの内に、夫の縹の水干の胸へ、ずぶりと小刀さすがを刺し通しました。」（女の語り）

3 「いつぞやわたしが捉え損じた時にも、やはりこの紺の水干に、打出の太刀たちを佩いて居りました。」（放免の語り）：「その紺の水干を着た男は、わたしを手ごめにしてしまうと、縛られた夫を眺めながら、嘲るように笑いました。」（女の語り）

は、全知全能の視点から丸括弧で状況説明が入る。矛盾する証言をすべて聞き取る人物は、作品のなかには登場しない。すべての語りを聞き届けているのは読者だけであり、それぞれの語りのあいだの矛盾も読者だけが引き受けることになる。死角はたしかにあるのだが、死角を指摘することができるのは読者だけなのだ。その意味では、読者がミステリーの探偵であり、一一人目の登場人物である。語り手と聞き手も一人に収斂することはないがゆえに、この作品を一つの一貫した作品として統一しているのは、殺人事件をめぐる状況と、通奏低音として響き続ける青色である。

作品の二部構成は、単に殺人に居合わせたかそうではないか、という区別に由来するだけではない。状況の構成のされ方が前半と後半で異なるのである。

前半の証人たちによる語りにおいては、(1)死骸の発見者の木こり、(2)死ぬ前の被害者と妻の姿を見かけた旅法師、(3)多襄丸を搦め捕った役人、(4)妻の母親、の合計四人が語る。彼らの語りの主題はすでに完了した殺人であり、それぞれが事件に関わった角度から語る。(1)木こりは殺人現場の状況、(2)旅法師は殺人前の男と女の描写、(3)役人は捕まった多襄丸の姿、(4)媼（おうな）は、男と女の背景と旅に立った理由を語る。頻出する青色と「藪の中」という場所の指示以外はほとんど共通点のないさまざまな内容が語られる。

男が殺されたという事件によって、一つの特定の状況が指し示されているが、この状況は一つの視点から見通しきれるものではないし、そもそも前半の登場人物たちは殺人現場に居合わせているわけではない。それぞれの証人にとって他の証人が見ている側面は、潜在的には見えない死角となっている。自分にわかっている側面以外の事象は死角となるのである。しかもお互いがお互いの存在を知らないがゆえに、死角になっていることすら意識されることはない。お互いの死角は（部分的には）尋問する検非違使と、（全体としては）読者にとってのみ意識される。このことは私たちの日常においても同じである。他の人からどのように見えているのか、私には何が見えていないのか、知ることはできない。前半の登場人物たちのように、私たちはそもそもある状況に対して間接的に関わることしかできないことが大半である。

この前半部分では語り手のあいだに矛盾はない。正確な情報なのかどうかもわからないが、矛盾もないということは、作品の構成上は重要であろう。お互い異なった視点から、違う場面を描いているのである。状況は死角という仕方で穴を生んでいる。しかしこれはまだ後半で生じるような矛盾した錯綜という穴ではない。

女の行方という謎

ただしそれでも前半の状況は、もう一つ別の帰結がある。というのは、誰にとっても殺された男の妻がどこに行ったのかわからない、つまりパースペクティブの多様さ以上の死角を生み出すのだ。

「その月毛に乗っていた女も、こいつがあの男を殺したとなれば、どこへどうしたかわかりません。差出がましゅうございますが、それも御詮議下さいまし。」（放免の語り）（芥川「藪の中」『芥川龍之介』149）

「しかし娘はどうなりましたやら、壻の事はあきらめましても、これだけは心配でなりません。どうかこの姥が一生のお願いでございますから、たとい草木を分けましても、娘の行方をお尋ね下さいまし」（媼の語り）（同書 150）

前半部分だけを見ると殺人事件の詮議ではあるが、不思議なことに犯人探しや殺人の動機は問題にもならず、妻の行方が謎として帰結するような、奇妙な「探偵小説」になっている。死骸を発見したのは木こりであり、木こりは事件の後に〈藪の中〉に入っていくが、証人たちはみな〈藪の外〉に位置取りして語っており、殺人が起こった現場の〈今ここ〉としての〈藪の中〉には接近していない。〈藪の外〉という身体の位置取りは、妻の行方が共通の死角となるような、そういう〈状況〉なのである。なぜ女の行方が死角となったのかは作品後半で明らかになる。一つ言えるのは、証人たちは「藪の外」から傍観者的な位置で語っているために、この視点の位置取りが、お互い見ているものの違いと、女の行方という共通の死角を生んでいるのである。つまり前半は「藪の外」から見たときの「藪の中」の記述となっているのである。

状況の外部にいる傍観者はそもそも見るものが違う。これに対し殺人現場の当事者は同じ状況に立ち会っている。語りの矛盾が先鋭化するのは同じ状況を生きているはずの当事者のあいだにおいてである。傍観者にとっての死角と、後半で登場する当事者たちにとっての死角は異なる。前半の四人と同じく検非違使が聞き手であるのに、多襄丸の語りが後半に置かれているのはそれゆえである。

3 後半〈藪の中〉の殺人現場の分析

三人の語りの矛盾

前半は〈藪の外〉から語られたのに対し、後半の舞台は〈藪の中〉である。そして後半においては、三人の語りが矛盾するという形で、状況の死角が際立つことになる。

語りの矛盾をいくつか指摘してみよう。盗人多襄丸が男を藪の中に誘い出して縛り付け、そのあと女を呼んで手籠めにしたところまでは共通する。矛盾が生じるのはその後である。

多襄丸の語りによると、女が多襄丸に抵抗して小刀を振り回しているが、多襄丸は被害者のそばに女を蹴倒している。そして被害者である夫を殺してほしいと言ったのは女である。

男の命は取らずとも、——そうです。わたしはその上にも、男を殺すつもりはなかったのです。所が泣き伏した女を後あとに、藪の外へ逃げようとすると、女は突然わたしの腕へ、気違いのように縋りつきました。しかも切れ切れに叫ぶのを聞けば、あなたが死ぬか夫が死ぬか、どちらか一人死んでくれ、二人の男に恥を見せるのは、死ぬよりもつらいと云うのです。いや、その内どちらにしろ、生き残った男につれ添いたい、——そうも喘ぎ喘ぎ云うのです。わたしはその時猛然と、男を殺したい気になりました。（陰鬱なる興奮）（同書154-155）

女の要求に応じて決闘を行い、多襄丸は太刀で被害者に致命傷を与えている。ところが振り返ると女がどこかに消えていた。

女の語りによると、女は自分で縛られている男（夫）のもとに駆け寄ったところを多襄丸が蹴倒している。そして気を失っているあいだに多襄丸はどこかにいなくなる（ここで話が食い違い始める）。女が意識を取り戻してみると、男の眼が自分を殺せと語っていたため、女は小刀で夫を刺す。

口さえ一言も利きけない夫は、その刹那の眼の中に、一切の心を伝えたのです。しかしそこに閃（ひらめ）いていたのは、怒りでもなければ悲しみでもない、——ただわたしを蔑（さげす）んだ、冷たい光だったではありませんか？　わたしは男に蹴られたよりも、その眼の色に打たれたように、我知らず何か叫んだぎり、とうとう気を失ってしまいました。

〔…〕

「あなた。もうかうなつた上は、あなたと御一しよには居られません。わたしは一思ひに死ぬ覺悟です。しかし、――しかしあなたもお死になすつて下さい。あなたはわたしの恥を御覧になりました。わたしはこのままあなた一人、お殘し申す譯には參りません。」わたしは一生懸命に、これだけの事を云ひました。それでも夫は忌（いまわ）しさうに、わたしを見つめてゐるばかりなのです。わたしは裂けさうな胸を抑へながら、夫の太刀を探さがしました。が、あの盗人に奪はれたのでせう、太刀は勿論弓矢さへも、藪の中には見當りません。しかし幸い小刀（さすが）だけは、わたしの足もとに落ちてゐるのです。わたしはその小刀を振り上げると、もう一度夫にこう云いました。

「ではお命を頂かせて下さい。わたしもすぐにお供します。」

夫はこの言葉を聞いた時、やっと唇を動かしました。勿論口には笹の落葉が、一ぱいにつまっていますから、声は少しも聞えません。が、わたしはそれを見ると、たちまちその言葉を覚りました。夫はわたしを蔑んだまま、「殺せ。」と一言ひとこと云ったのです。わたしはほとんど、夢うつつの内に、夫の縹（はなだ）の水干の胸へ、ずぶりと小刀を刺し通しました。（同書159-160）

男は口をふさがれて語ることができないが、妻は男の言葉を読み取る。妻は〈男が語りたいこと〉に確信を持っているが、他方で妻の勝手な思い込みでもある。夫から妻への憎悪をテレパシーのようなコミュニケーションとして読み込んでいる。コミュニケーションには穴が開いているが、妻が思い込みで穴をふさいでいる。夫から妻への憎悪と妻が感じたものは、妻から夫への殺意を投影したものであろう。夫を殺したいという妻の欲望は、偶然発見された小刀に結晶化する。小刀が（どくさいスイッチにも似た）ひみつ道具となって妻の行為を可能にする。小刀を転換点として状況は後戻りできない仕方で再編成される。

さて、三人目の当事者である殺された男の霊の語りによると、女（妻）は縛られている男を捨てて多襄丸についていくことを決意する。女は「あの人を殺してください」と狂ったように叫び立てる。ここで描かれるコミュニケーションが果たして正しいのか誤解なのかは確かめる手段がない。コミュニケーションには本質的にあいまいさが残るのである。「巫女の口を借りたる死霊」はこう語る。

妻は確かにこう云った、――「ではどこへでもつれて行って下さい。」（長き沈黙）

妻の罪はそれだけではない。それだけならばこの闇の中に、いまほどおれも苦しみはしまい。しかし妻は夢のように、多襄丸に手をとられながら、藪の外へ行こうとすると、たちまち顔色を失ったなり、杉の根のおれを指さした。「あの人を殺して下さい。わたしはあの人が生きていては、あなたと一しょにはいられません。」——妻は気が狂ったように、何度もこう叫び立てた。「あの人を殺して下さい。」（同書162：引用者による強調）

多襄丸と女は〈藪の外〉の世俗へと逃れかけて戻ってくる。そして女は夫を殺すように多襄丸に懇願する。そのとき多襄丸は妻を蹴倒している。多襄丸が夫に妻を殺すか助けるかたずねた瞬間に、妻は「なにか一言いうが早いか、たちまち藪の奥へ走りだした」（同書：引用者による強調）。そして男の縄を切った多襄丸は〈藪の外〉へと逃げる。夫は妻の小刀を見つけて自分の胸を刺し〈藪の空〉へと注意を向ける。

> おれの前には妻が落した、小刀（さすが）が一つ光っている。おれはそれを手にとると、一突きにおれの胸へ刺さした。何か腥（なまぐさ）い塊がおれの口へこみ上げて来る。が、苦しみは少しもない。ただ胸が冷たくなると、一層あたりがしんとしてしまった。ああ、何と云う静かさだろう。この山陰の藪の空には、小鳥一羽囀（さえず）りに来ない。（同書163-164：引用者による強調）

「殺して下さい」と言ったのが女であるという指摘は多襄丸の証言と一致する。しかしその後から食い違う（男を刺した犯人にも三バージョンある）。女も多襄丸もいなくなり、男は自分で自分を刺す。そのとき誰かが小刀を抜いて男は死んでゆく（状況からするとこの誰かは女であると読めるようにも書かれている)。

ここで前半登場する証人たちにとって、なぜ妻の行方が状況の死角となったのか明らかにされている。「藪の外」すなわち世俗ではなく、女は「藪の奥」へ向けて逃げていったのであり、目撃者がいる社会ではなく、仏の領域である清水寺に至っているのだ。多襄丸は、世俗である「藪の外」へ逃げ、男は「藪の空」を仰ぎ見ながら「藪の中」で死ぬ。この三つの運動が、「藪の中」全体の空間を規定している。そして「藪の中」に開いた「藪の奥」という死角ゆえに「藪の中」全体が謎を伴う場所となるのである。

結局のところ、多襄丸が男を縛り、男が誰かに殺され、女と多襄丸が別々に逃げたという点は三人の語りに共通する。これに対し小刀の使い道、誰が被害者の死を望み、誰が男を殺したのか、といった点で矛盾が生じている。正確に言うと、それぞれの語り手自身にとっては(それぞれ自分なりの仕方で)状況はクリアなのだが、それぞれの語りが矛盾するためにすべての語りを聴き通す位置にいる読者にとっては、誰が殺人犯なのかが謎となる(小説内に丸括弧で挿入された全知全能の視点だけが知りうる。丸括弧こそが真の全知全能の神の視点だ)。読者にとってだけ謎になるという奇妙な仕方で、読者もまた状況に巻き込まれて、謎を引き受ける当事者となってゆく。まさに状況の死角を出現させる第二の傍観者として読者は登場しているのだ。

こうして「犯人は誰か」という謎は、当事者にとっては気づかれもしない死角であるということが明らかになる。自分の身体に縛られている私たち人間は、傍観者であろうが当事者であろうが状況の核心を見通すことができない。それだけでなく、状況からこぼれ落ちている死角があるということにすら、気づくのが難しいのだ。身体をもって存在するという条件のなかに、死角が組み込まれているのである。状況のなかの見えない部分もまた、身体の延長線上にあるのだ。死角は世界において身体から見えない部分として生まれるが、同時に身体との相関においてのみ生まれる以上、**〈身体の余白〉**の一部なのである。人間が身体を持つ限りにおいて、視点が生じ、死角が生じる。そしてこの死角こそが、〈その人だけが知りえないもの〉という仕方でその人の特異性を作るとすると、この特異性は身体の余白において生じるものであることになる。身体の余白は身体そのものではなく、身体をもつがゆえに見えなくなる死角であり、身体の絶対的な外部だ。〈身体の余白〉は目に見えるモノや人でもなければ、意識されるものでもなく、身体でもない。ポリリズムを生むずれの核にはこのような〈身体の余白〉がある。埋めることができない謎めいた余白ゆえに、私たちは絶えずずれ、ポリリズムを生み出す。〈その人だけが知りえないもの〉という〈身体の余白〉はその人の個別性を指し示す。人は自分自身でないものによって個体化するのだ。

真の死角

事件の帰結は、前半の証人たちにとっては女の失踪であるが、後半語る当事者たちにとっては男の死である。

そもそも後半における盗人、女、男という三人の当事者にとって問題となっている状況は、矛盾が生じる地点すなわち男の死へと帰結する〈**現在進行形**の一連の流れ〉である。前半では**すでに完了した**殺人事件を外から眺めた状況だった。後半では、矛盾を生んでしまうような三人の行動と経験のからみあいを内側から生きる。

〈状況〉とは何か？　当事者三人は同じ現場に居合わせて同じ事件を経験しているのであるから、同じ一つの状況を生きているはずである。しかし語りは矛盾している、それぞれの視点から見た状況が死角となっているとは言えるが、いかなる意味において死角なのだろうか。もちろんこれはフィクションであるが、たとえば裁判の係争のような場面で類似の事態は実際にも起きうる。一つの医療現場においても当事者間で見えているものが食い違うことはめずらしくない。**そもそも状況とは、死角と矛盾をはらんだ和解しえないポリリズムのことなのかもしれない**。

とはいえ埋められない矛盾にも関わらず、状況は一つに統一される。男を殺すという行為は同じなのだが、多襄丸が殺すのか、女が殺すのか、男が自害するのか、その主体がそれぞれの語りで矛盾する。矛盾したまま流れる〈状況〉を一つのものにつなぎ止めるために大事なのは、何が殺人を促したのかというきっかけである。この小説では三つ登場する〈輝くもの〉が行為を促すきっかけとなっているようだ。

　こんな事を申し上げると、きっとわたしはあなた方より残酷な人間に見えるでしょう。しかしそれはあなた方が、あの女の顔を見ないからです。殊にその一瞬間の、燃えるような瞳を見ないからです。わたしは女と眼を合せた時、たとい神鳴(かみなり)に打ち殺されても、この女を妻にしたいと思いました。（多襄丸の語り）（同書 155）

わたしは夫の眼の中に、何とも云いようのない輝きが、宿っているのを覚りました。（女の語り）（同書 158）

おれの前には妻が落した、小刀が一つ光っている。おれはそれを手にとると、一突きにおれの胸へ刺さした。（男の語り：既出）（同書 163-164）

これら三つの〈輝くもの〉が殺人を促す。多襄丸は女の瞳の輝きに惑わされて、男を殺す決意をする。女は男の眼の輝きに現れた蔑みに促されて、そして小刀を手にとって男を殺す。瞳の輝きが小刀という「ひみつ道具」（移行対象）に結晶化する。そして男は女の「小刀が一つ光っている」のを見つけて自らの胸に立てるのだ。誰が殺すにせよ、三人の男女が出会い、輝くものに促されて男を殺すのである。つまり事件の真の黒幕は〈輝くもの〉なのだ。最終的には小刀に収斂する輝くものが膠着した三人の関係を裁断し、「藪の外」「藪の奥」そして「藪の中」と「藪の空(上)」を結び合わせるのだ。

実のところ、真の謎は女の失踪ではなく、殺人に至る状況である。三人が矛盾した語りを行う、見通すことが不可能な状況が謎として覆い被さっている。不可解な状況を殺人という行為によって裁断することを促すのが、瞳や小刀の「輝き」なのである。状況の真の死角は、〈誰が殺人犯なのか〉という謎ではない。誰が犯人にせよ、殺人という仕方でしか収束することができなかった〈状況の流れ〉——謎をはらんだポリリズムこそが死角となっている。この状況の流れこそが、それに当事者たちが翻弄され、行為へと掻き立てられつつも、見通すことができない死角となっている。この状況の流れは〈身体の余白〉にある。

おそらく私達が巻き込まれている状況、何らかの（計算を超えた）行為へと掻き立てられてしまう状況には、しばしばこのような死角が潜んでいる。たとえば下手な言い訳しかできないような行為を働いてしまうような、そういう状況である。芥川は鮮やかにこれを描き出してる。誰が犯人なのかはもはや問題ではないが、巻き戻すことができず一つの方向を指し示す漠とした流れとしての状況である。状況の死角とは、単に〈視点の取り方次第で見え方が違う〉ことのみに由来するわけではない。気づかれることもなく人間を突き動かす〈状況の流れ〉こそが、死角に隠れている状況の穴なのである。そして当事者からこぼれ落ちつつ状況そのものも成り立たせているのも、この〈状況の流れ〉である。〈状況の流れ〉は〈身体の余白〉の絶対的な外部であり、ともに私たちにはどうすることもできない上に見ることもできない流れである。そしてこれは流れであるから、状況が組み替えられる殺人という一瞬の出来事はあるタイミングにしか起き得ない。

このタイミングで小刀というひみつ道具が登場するのだ。

全知全能でありかつ破壊をもたらす神

身体を持った人間は身体の余白ゆえに、状況をすべて見通すことができない。もしも見通すことができるとしたらそれは全知全能の神であろうが、作者二九歳のこの作品ではまだそのような神は（丸括弧の挿入句という密かな形でしか）登場していない。あと五年ほどで作者は自死を選ぶが、その直前には神が主人公として登場することになるだろう。ただしこの神は破壊的な意味を持つことになる。多くの作品で芥川は状況の不条理を描いたが、状況の流れのすべてを見通す神は、「藪の中」でそうであるのと同じように、人間に復讐するのである。状況の流れを見通してしまう審級を設定することは、死と同じなのである。とすると、不条理な状況が作る余白こそが（事件を生むと同時に）人間的な生を支えるありかたであり、かろうじて生き延びるための手段なのであろう。自死直前の芥川は状況の流れを見通してしまっていた。

「黄いろい表紙をした「希臘（ギリシャ）神話」は子供の為に書かれたものらしかつた。けれども偶然僕の読んだ一行は忽（たちま）ち僕を打ちのめした。

「一番偉いツオイス（ゼウス）の神でも復讐の神にはかなひません。……」

僕はこの本屋の店を後ろに人ごみの中を歩いて行つた。いつか曲り出した僕の背中に絶え

ず僕をつけ狙つてゐる復讐の神を感じながら。……」（芥川「歯車」『芥川龍之介全集 6』377-378）

彼はすつかり疲れ切つた揚句、ふとラデイゲの臨終の言葉を読み、もう一度神々の笑ひ声を感じた。それは「神の兵卒たちは己をつかまへに来る」と云ふ言葉だつた。彼は彼の迷信や彼の感傷主義と闘はうとした。しかしどう云ふ闘ひも**肉体的に**彼には不可能だつた。「世紀末の悪鬼」は実際彼を虐んでゐるのに違ひなかつた。彼は神を力にした中世紀の人々に羨しさを感じた。しかし神を信ずることは――神の愛を信ずることは到底彼には出来なかつた。あのコクトオさへ信じた神を！（芥川「或阿呆の一生」『芥川龍之介全集 6』476：引用者による強調）

状況の死角を見通す神は、死角を隠蔽する安全装置として西欧の知が導入したものであろう。全知全能であるがゆえに、神は身体の余白という限界を持たない。自然科学が持つ俯瞰的な視点もまた、同様の役割を果たす。しかし芥川によると、神は単に死角を照らすだけでなく、死角に翻弄されながらもがき行為していた人間を狙い撃ちにし、「阿呆」にするのである。

人間は有限性ゆえに自らの生を内側から生きることを強いられる。このとき視点（パースペクティブ）が生み出す死角、そして自らの身体の余白という死角を抱え込みながらも進むことになり、それゆえにたがいのずれと偶然の邂逅が連鎖するポリリズムを産出するのだ。

おそらく、人間は自分のリズムを自分では感じ取ることができない。そして自分のリズムが持つスタイルも自分では知ることができない。このような自分自身に対する無知は、対人関係のポリリズムを構成する大事な要素であるように思われる。対人関係上のいきちがいは、しばしば自分自身の傾向を知らないことに由来する。それぞれが自らの〈身体の余白〉をもつなかで、複数の人のリズムがからみあうことになるからこそ、ずれと出会いが綯いあわされる（自分自身のなかにある余白ゆえに、対人関係が複雑に織りなされるさまを描いた文学として、ヘンリー・ジェイムズの『大使たち』や『ジャングルのなかの獣』を思い起こすこともできるだろう）。

「藪の中」を通してポリリズムを生み出すすれ違いを考えてきた。第5章ではリズムとリズムが出会うためのきっかけ、ポリリズムの発生について、精神科病棟を舞台にして考えていく。

第5章　リズムが組みかわるタイミングについて
——ある精神科病棟でのバンド・セッション

1　移行対象とポリリズム

イギリスの小児科医で精神分析家のD・W・ウィニコット（1896-1971）は、子どもがドラえもんに頼ることなく自ら見出す「ひみつ道具」に対して移行対象という名前を与えた。指のおしゃぶりからテディベアにいたる、子どもが肌身はなさず手放さない対象が持つ意味について、後期のウィニコットは考察を重ねたのだった。移行対象を用いて子どもは遊び始める。はじめは感触を楽しむだけかもしれないが、次第に移行対象をおもちゃにしてごっこ遊びを始める。つまり自分のファンタジーを外の世界で展開する。そして周りの人とともに共有された遊びの世界を創造する。それゆえ移行対象は子どもの内部であり外部である、主観的でありかつ他者に属するものでもある、空想と知覚のあいだであり、かつ乳児の万能感から現実検討が確立するまでのあいだでもある、といったようにさまざまな「あいだ」に登場する。移行対象が出現する移行領域は大雑把には遊びの領域であるが、ウィニコットは、（セラピストとクライアントが交互に描いて絵を創り出していくスクィグルのように）遊びをもちいた実践を、対話だけを用いる精神分析からは区別して心理療法と呼んだ（Winnicott 1971 54）。

いくつかの切り口で議論が可能であるが、ここでは〈経験の様式を変容するきっかけとなるひみつ道具としての移行対象〉という描像を提案したい。ポリリズムが組み変わるポイントで何が起こるのかを考えることが本章のテーマである。

2　ある精神疾患患者とピアノ

さて、以下では精神科病院の閉鎖病棟に入院した経験がある元患者と、入院時にケアを担当した臨床心理士とソーシャルワーカー（精神保健福祉士）の語りの分析である。

この事例では移行対象の登場によってリズムが組みかわり人生が大きく変容する。そして精神科病院が話題ではあるが、移行対象が治療の外で登場する。本事例のような場面はどこでもありうるということを念頭に置きたい。

Bさん（内容は変更を加えている）

・同居していた父親とのトラブルが原因で医療保護入院（迫害妄想が強かったようだ）。
・入院時も迫害妄想状の経験様式。
・発達障害に由来する硬さ。丁寧で礼儀正しい。
・二年間の入院の後、退院しグループホームに滞在。その後、地域で独居を続ける。退院後数年が経過し、増悪することなく現在は訪問看護師と計画相談のソーシャルワーカーに見守られながら穏やかに暮らしている。
・迫害的な経験が入院時にも残っていたが、退院してからは大きく変化する。この転換点に移行対象が登場する。
・インタビューをとった順番はＰＳＷ（精神保健福祉士）Ｙさん、臨床心理士Ｏさん一回目、元患者Ｂさん（Ｏさんが同席）、Ｏさん二回目、である。このあと本章には登場しない、現在Ｏさんをサポートしている訪問看護師と計画相談のソーシャルワーカーにもインタビューした。
・以下では転機となったある場面にかかわるインタビューの断片を引用する。

迫害的な入院経験

Ｂさんは本人のなかでは迫害され続けている世界のなかに生きていたが、実際には家族に暴力をふるっていた。

心理士Oさん　「全く私は病気じゃないんだから、ずっと虐待、受けて…」って。でも実はね、事実はですね、彼女ものすごいお父さん虐待してたんですよ、暴力も何も。だから、きょうだいとかは許せないわけですよ。「お父さん虐待したのはおまえのほうじゃないか」っていう。やってた事実はそうなんですよ。お父さんものすごい、めちゃくちゃに暴力してて、お父さん本当に危なかったですけど、ただ彼女の体験のなかで自分が虐待されてたからやり返してるって、虐待されてるんだっていうふうに、もう、全部、記憶が反転しちゃってて。

Bさんの記憶のなかではBさんは親から深刻な虐待を受けていた（実際には親への暴力がきっかけで入院した）。入院のときにもBさん本人は、病棟で看護師にいじめられたと感じていたようだ。入院のきっかけが暴力であったゆえに、治療においては病識の獲得が重視されていたが、難航し、膠着しまっていたそうだ。この膠着が今回の出発点である。Bさんへのインタビューの目的は入院中の経験を聞くことだったのだが、まずでてきたのはスタッフからの「いじめ」だった。

元患者Bさん　入院中ですと、私が、ある時に、新聞読んでいて、こう暗くなってきたので看護師さんに、「手元が暗くなってきたんで、電気点けていただけないでしょうか。」って言ったら、「そういうことは、あなたじゃなくて、看護師が決めるんです。」って言って、電気点けてもらえなくて、私のところだけ点かなくて。他は全部点けて。そういうこととか、その類のことは、結構ありましたね。

「その類のことは、結構ありました」というようにBさんのなかでは迫害は反復している。実はこのような印象はスタッフがBさんから受けたものでもある。スタッフはBさんの態度が「上から」だと感じていたようだ。

ワーカーYさん　割と、「**ここ**は、25℃だったら切る」ってなってたら、25℃でピシャッて、〔…〕なんか、ルール通りだった。〔…〕「ちょっと上から目線だった〔…〕」

つまりBさんが看護師からいじわるされたと語る経験は、Bさんからスタッフへと向けられた態度と鏡合わせになっている。Bさん自身は看護師が管理的で上から目線だと感じていたが、看護師たちはBさんのほうが上から目線だと感じていた。このような鏡合わせがBさんをめぐっては何度か起きる。このこともこの事例の特徴だ。ウィニコットの用語を使うならば投影的同一化だが、しかしこの迫害の反転も（精神分析から離れて考えるならば）、非人称的な規範がBさんにも（規範好きな）看護スタッフにも作用していたと考えることもできる。ある場所を支配する力学は、患者一人が背負うものではなくスタッフにも浸透しているからだ。

Bさんとのインタビューの直後に、同席した心理士Oさんは、「彼女はすごい正直なので、思ったこと何でも言ってね。」と言いながら次のように語った。

心理士Oさん 〔Bさんの〕入院経験はもう良くないはずです。あの……。

村上 ああ、そうなんですね、もう。

Oさん ただ、そこでさっきも言ったように、ちょっとずつでも、実は、だから、〔Bさんから他の人に〕接近できるようになって、〔地域に〕帰っていって、〔入院中は〕彼女のなかでは我慢一辺倒だったけど、でも、実は人とも問題ないぐらい接近できるようになったところで退院できて、Pグループホームでそれが生きたって。

まあ、だから本当にそこの、全く誰も寄せ付けない迫害世界に生きていた人が、まあまあ、世間での〔生活の〕下準備を、本当に入院で「した」というような感じで、こう育てて外に行ったら芽が出たというような。そういうふうには見てますけどね。だから、主観的体験は入院中はあんまり良くなかったというのは、そのとおりだと思いますよ。

うん。だからスタッフからすると、「えー、あんなに親切にしたのに!」っていう、すごいね、ちょっと経験の差があるかもしれないですね。

Bさんの意識の上での迫害と、意識の背後での変化とのあいだにずれがあるというのだ。当初

「全く誰も寄せ付けない迫害世界」に生きていたBさんは、人に「接近できるようになって」退院した。つまり磁石の斥力のような人を遠ざける力が、Bさんの当初の世界のあり方だったのだ。あたかも対人関係全体がBさんからは出会えない、Bさんの身体の余白であったかのようだ。

心理士のOさんは新しい見方を導入している。「実は」彼女によるとBさんは「世間での下準備を」入院中に行い、Bさんをスタッフは「育てて」きた。「育てて芽が出た」というように地中（＝病棟）で変化はあったのだが、意識の上での「迫害の世界」の背後に隠れて見えなかったのだ。「実は」病棟で密かにホールディングが内面化されて、居場所が生まれ安定的な自我構造と対人関係の基盤を作ったのだとOさんは考えている。「実は」の内実は、精神分析が「無意識」と呼んだ動きを表している。[1]

心理士OさんはBさんとの心理療法のなかで過去の振り返りを丁寧に行い、その直面化が非常に大きな経験だったと考えている（Oさんが試みたのはクライン派に近いかなり力動的な方向性の面談のようだ）。ところが、Bさんとのインタビュー中Oさんはかなり突っ込んで入院中に覚えていることをBさんに問いかけたのだが、心理療法の場面は語られなかった。すっぱり記憶から抜け落ちているかのような気配だった（他の場面では病棟スタッフに対する不満も含め驚くほど率直に語ったので、なにかを隠していたわけではなさそうだ）。[2]「おとなしくしてれば退院できますから」とBさんは語る。

1　ウィニコットはクラインの分裂迫害ポジションをホールディングの欠損によるものであると考えている。

これが本音だったようだ。実際の病棟に起きた出来事とBさんの体験には大きなギャップがある。スタッフが作り上げたホールディングも、心理士との心理療法のなかで行った過去の暴力体験の言語化も、背景に退いて意識されないことによって機能している。背景で働いていたプロセスゆえに、「迫害世界」は、（入院のきっかけとなったような破綻には至らず）「おとなしくしてれば退院できる」という忍耐可能なものになっている。これが病棟のホールディングの効果だ。

退院先でのおだやかな人間関係

Bさんは退院後のグループホームではじめて周囲の人に尊重してもらい、人間的な生活をすることができたと感じている。そのため人生が大きく良い方に変化したのは退院してからだった、と感じている。それゆえ退院後については入院時とは大きく異なる描写になる。

元患者Bさん　そうですね。（退院後に入ったグループホームでは）職員さんが、何か、こう、事務的な仕事じゃなくて、人間として、何か、こう、人を優先して考えてくださるところがあってー。で、思いやりとか、ま、厳しさもありましたけどね。示してくださるんで、私にとっては、そういう経験は、しばらくなかったものですから。だから、「この職員さん達とだったら割と交流できるのかな」と思って。ま、**気が楽になった**っていうか。そういうところがありましたね。

病院での手厚いケアを本人は意識していないようなのだが、グループホームのスタッフはとても親切にしてくれて、初めて「思いやり」を感じたと語っている。ともあれ病棟での迫害的な世界から、退院後の「人間として」扱ってくれ「人を優先して」考えてくれる交流できる人との場へと世界のあり方が変化している。Bさん自身が「人間」として認められたと感じている。ということは、Bさんから見た周囲のスタッフもまた「人間」として出会われたということだろう。身体の余白が埋められて周りの人と出会うことができるようになっている。ではどうやって埋めていくことができたのか、ということが以下の主題である。

イギリスで活躍した精神分析家で、ウィニコットにも大きな影響を与えたメラニー・クライン(1882-1960)を参考にするなら、病棟のスタッフはいわば迫害的な（前人格的）対象だった（のちほど良い対象も登場する）。Bさんにとって退院後に出会ったグループホームのスタッフは、「厳しさもありましたけど」「思いやり」もある抑うつポジションにおける統合された人格として出会われている。のちほど引用するように実際には入院時にも人格的な交流があり、ホールディングが成立していたのだと思われるが、それが顕在化するのは退院した後なのだ。

入院前は迫害的な世界にいてそれゆえにトラブルを起こして入院せざるを得なかったのだが、退院してからは迫害妄想はすっかり消えていた（迫害妄想に由来する暴力は入院のきっかけだったこと

2　Bさん本人が出席して行う多職種の支援会議についてOさんから問われて「特に意味がなかった」と語った。

もあり、現在地域でのサポートを担当している訪問看護師やソーシャルワーカーも日々の関わりのなかで丁寧に確認していた)。

統合された「人」と出会うことができるようになるにつれ、Bさんも「気が楽に」なった。「気が楽になった」という言葉も、それ以前の病棟の生活がBさんにとって緊張に満ちたものであったことを暗示させる。「人間」の回復は「気」の問題なのだ。先ほどOさんが「人を寄せ付けない」と語っていた斥力を、Bさん自身は「気」として感じていたことになる。

「施設〔グループホーム〕に入って、そこの職員さんにしばらく経ってから、「雰囲気が変わって〔…〕印象が柔らかくなった」と言われました」ともBさんは語った。「雰囲気」も「気」である。施設の人と「気安く話せるようになった」とも語っていた。そして入院前、親と住んでいたときは「日常的に父からの虐待と暴力がありましたので。まあ、気の休まる日はなかった」のだ。やはり「気」が休まるかどうかの問題なのである。Bさん自身は「気」の緊張緩和として、退院してからの自分の生活の変化を感じ取っている。「気の休まる」ことは、世界への関わり方としてのリズムがゆるんだということだろう。居場所が持つ〈リズムのゆるみ〉を〔おそらく生まれてはじめて〕グループホームで手にしたのだ。

もう一つ大事なことは、Bさんが「回復」という言葉を用いていないことだ。Bさんの気がかりは「気楽な」「穏やかな生活」を手に入れることであり、「気の休まる」生活という〈価値〉であって、**病からの回復が問題にはなっていない**のだ[3]（そもそもスタッフの努力にも関わらず、病識があるかどうかは依然としてはっきりしない)。

この迫害体験の克服の第一ステップは、実はBさんとスタッフの体験のギャップのなかにヒントが有る。おそらくBさん自身が(クーラーのスイッチを切る場面のように)病院の環境に対して攻撃を仕掛け、そしてスタッフや他の患者がこの攻撃に耐え抜いて、Bさんにとって安定した環境であることを示したことによって、ホールディングが出来上がっている。スタッフが「実は」「下準備をした」のだ。

ともあれ入院前から入院期間までの気詰まりな人間関係と、退院してからの気の休まる人間関係とのあいだで、Bさんの生活を取り巻くリズムは大きく組み変わっている。

ピアノという移行対象と依存——入院中の密かでラディカルな変化

入院中は苦労ばかりだったとBさん本人は語った。ところが良かったことを聞いてみると、「楽しかった」思い出としてピアノを心理士Oさんに習ったことが思い出された。このピアノの記憶においては本人とスタッフの記憶のギャップは解消される。[4] リズムの経験において人と人は出会うのだ。

3 ウィニコット(1965)は妄想分裂ポジションを論じながら、クラインの功績は「健康」ではなく、「価値」の問題を導入したことだと語っている(Winnicott 25)。

村上　〔入院中〕しんどい出来事があったっていうのは、教えていただいたので、逆に、まあ、多少は良い、良いこともあったみたいな。

元患者Bさん　はい。それは、こちらの〔心理士の〕Oさんに、ピアノとか、はい。教えていただいたりとか。

村上　ええ。ええ。

Bさん　気が紛れましたね。

村上　もうちょっと、どんな、どんな感じですか。ピアノが、

Bさん　はい。ピアノっていえば、私、それまでは、触ったことがなかったので。子どもの頃に、「ピアノが弾きたいなあ」と、思っていたこともあるんですけど、まあ、家が貧しかったのと、学校で、まあ良く言えば、積極的な人達が、いつも、占拠して、触れる機会がなかったので。

村上　はー。

Bさん　「いつか、ピアノで、易しい曲でも弾けたらなあと思う」って言って、それで、そういう話をちょっとしたら教えてくださったんですけど。

〔…〕

心理士Oさん　それがー、一回、アレ、一時間ぐらい一緒にやりましたかねえ。毎週ね。

Bさん　ええ。

Oさん　凄い、良い生徒さんでー。エッヘッヘッヘッヘ。
村上　うーん。
Bさん　楽しかったです。
Oさん　楽しかったですよね。

ピアノを弾くことが子どものころの願いごとだったというのは大事だろう。「気が紛れる」という言葉づかいからは、入院生活そのものは暗いものだったという前提のなかでひとつだけ明るい出来事だったというニュアンスがある。Bさんにとっては「気」が大事だ。退院して「気が楽になる」前に、ピアノで「気が紛れる」経験をしていたのだ。ピアノは、気が休まらない病院生活のなかで、「気が紛れる」経験、リズムがゆるむ居場所の経験なのだ。リズムがゆるむと同時に、ピアノにおいてBさんは周りの人と初めてリズムが合う経験をしたのだった。

そして楽しい出来事を思い出すこの場面でも、小学校時代の暗い思い出が一緒に登場する。小学校では力の強い子どもたちがピアノを「占拠」していたため、自分は無視され、自分の願いが

4　のちほど引用するようにBさんの前にインタビューをお願いしたYさんも「全然ワーカーっぽい仕事内容じゃないですけど」と断りながら、ピアノのエピソードを印象的な場面として思い出した。つまりBさんにとってもスタッフみんなにとっても楽しかった経験としてピアノとバンドは思い出されるのだ。

奪い取られていた感覚を持っていたようだ。「良く言えば」というように、Bさん自身はもっと強い「排除」といった言葉を思い浮かべているのかもしれない。Bさんは親との関係においても自分の願いを出せなかったと語っている。本人の主観においては幼少期から入院時にいたるまで、自分の願いを外に出すチャンスとそれを聞き届けてもらうことがなかったと感じている。そして「虐待」ゆえに「気が休まらなかった」と感じている。

Bさんは「『いつか、ピアノで、易しい曲でも弾けたらなあと思う』って言って、それで、そういう話をちょっとしたら〔心理士のOさんが〕教えてくださった」と語った。これは本人の意識では、生まれてはじめて自分の願いを人に聞いてもらい叶えてもらう経験であった可能性がある。

ピアノを習いたかったというBさんの願いは、たいしたことがない小さな願いに見えるかもしれない。しかしこの**〈小さな願いごと〉**であるということは大事だろう。おそらく病棟でくつろぐことができる居場所を見出したからこそ、子どものころの小さな願いが表面化している。日常のなかの小さな欲望の回復、人との競争やねたみではない、自分のなかの満足に関わる欲望が回復されている。精神分析の欲望論からは少しずれたところで、このような小さな願いごとが主体の核を形作るということを、私は訪問看護師への聞きとりのなかで学んだ。小さな願いごとは、ホールディングに関わる基本的な対人関係や、そこを基盤にした遊び（＝クリエイティブな活動）と連続している。人との比較や競争ではなく身体的な快から生まれる快がその人の個別性を形作る。これが自分らしく自分の人生を作ることと直結している。それゆえにたとえば看取りの場面で小さな願いを聞き取って叶えようと努力することが実践の焦点となるのだ（村上2018第2部）。Bさんの場合も、おそらく病棟が（無意識には）安心できる居場所となり、このときにピアノに気づいている。

実はピアノの話題が初めて登場したのはインタビューのトップバッターであった精神保健福祉士のYさんの語りだったのだが（その場面はのちほど引用する）。次の場面はYさんとのインタビューの直後、Bさんに会う前に、私が心理士Oさんにピアノレッスンのことを尋ねた場面だ。Oさんは熱心な音楽の愛好家で、事前の打ち合わせでも音楽の話題で盛り上がったのだが、このときまでOさんはBさんのピアノのことをすっかり忘れていた。この健忘は、Bさんが病棟でのOさんとの心理療法を忘れていることと対比をなす。今回の事例では、コアになる部分が忘れられながら変化していくのだ。

心理士Oさん　いつからピアノの先生になったんだっけなあ。何か心理療法とは別にピアノのレッスンの枠が週に一回あったんですよ。そうそうそう、それで、何かむしろそれが良かったのかもしれないですね、非言語的な、こう、何ていうか、共同作業っていうか。まあ、彼女自身が、うん、全くゼロで何も分かんないとこから、私を頼って、もうすごい必死で、こう、身に付けたい一心で、こう、私と同じ指の動きをして、もう本当に私もかなりお母さんのように、「これやって、これやって、やって」なんて言って。そうですね。

Oさん　初めは週一回、あの、運指の練習からで、で、彼女は段ボールでピアノの鍵盤を自分で作って、あの、私のレッスンがない日は自分の部屋で段ボールで指の練習をしていて、すごい真面目な人なんです。なんで、でね、弾けるようになっちゃったんです、これ。すごい、すごい能力なんです。右も左も。あの、「じゃあ、きょうはここからここのパートまでね」みたい、「何小節まで練習してきてね」なんて言ったら、言った以上に最後まででやってくれてるので、はい。

「全くゼロで何も分かんないとこから、私を頼って」というのは擬似的な乳児期の経験でもある。それゆえ心理士Oさんは「私もかなりお母さんのように」Bさんに「私と同じ指の動きをして」手取り足取りピアノを教えている。「同じ指の動き」というリズムかつメロディーにおいてBさんとOさんが交流する場面で、OさんがBさんの熱意に巻き込まれていったことがわかる。体の動きを必死に合わせるということもBさんにとっては初めての経験、初めての対人交流だったろう。「遊ぶことはそれ自体が治療である」(Winnicott 1971 50)。病棟では徹底的に受け身だったBさんが、唯一能動的だったもののピアノの場面だ。

言うまでもなく、ピアノのレッスンは文字通りにリズムを経験する場所であり、ぎくしゃくし続けていたBさんの人生（迫害妄想・発達障害と対人トラブル）のなかでリズムが初めて生まれる場面であった可能性もある。ピアノを媒介として出会い損ねを生み出す身体との余白が埋まり、ポリリズムが誕生するのだ。

変化の触媒としての移行対象、転換期としての移行領域

問題はピアノという移行対象がどのように働いたかである。ここが本章の眼目である。

村上　じゃ、ピアノの経験て、Bさんにとっては、Bさんの願い、望みを、ある種、聴き届けてくれた、すごく、大っきな経験、っていうか。

元患者Bさん　そうですね。私の人生のひとこまとして転換期、になったのかなって、思いますね。

村上　うーん。あ、そっか、そういう。なるほど。それは、入院より前には、あんまりなかったことだった、っていうこと、なんですかね？

Bさん　ええもう、全然ありませんでした。

ピアノのような楽しい出来事は昔は「あんまりなかった〔のか？〕」という私からの問いかけに対して、Bさんは「全然ありませんでした」という。つまりピアノは本人にとっては大きな「転換期」となる経験でもあった。退院してグループホームで発見した平和な対人関係の手前には病棟で経験した初めてのホールディングと、ピアノとして顕在化した移行対象がある。

さてBさんは自ら「転換期になった」と語っている。この**タイミング**でしか起きえなかった転換期でありこのタイミングを逃したら生まれなかったであろう転換期である。言い換えると、ピアノは、Bさんが変化する準備ができたまさにその瞬間に、Bさん自身により発見された移行対象でもある。転換「点」ではなく転換「期」というスパンで考えていることも意味があるだろう。ピアノを習い、バンドを組んで発表会をするという遊びのプロセスと場が「転換期」なのだ。つまり移行領域の時間面が「転換期」であり、そのなかでピアノという移行対象が変化を促す支点として働いたのだ。

ピアノの練習とセッションは、心理士との過去の振り返り（本人にとっては幼少期に虐待を受けたという経験であり、入院の原因となった父親との大きなトラブルの振り返りでもある）を行ったあとに生じている。病棟スタッフが作ったホールディングと、心理療法のなかでの過去の言語化という「治療」は意識の背景に退き、ピアノだけが「転換期」として記憶に残っている。つまり意識の上での「転換期」としてのピアノのバンドと、無意識の水準の「転換期」としての治療がある。

病棟全体が作り上げた安心できる居場所があり、そのなかでBさんはピアノの先生だった心理士のOさんに依存する（Oさんはつらい体験への直面化を促す心理療法の担当でもあったから、Bさんにとってはピアノの先生という〈良い母親〉でありかつ〈悪い母親〉でもあった可能性がある）。今まで潜在的だった病棟のホールディングが、Oさんを通して顕在化している（そして退院とともに消えていく）。このピアノの経験を通してポリリズムは組み替えられ、Bさんの世界、対人関係のあり方はまったく別様のものへと変化する。

それと同時にトラブル続きだった家族への思いも大きく変化している。かつて折り合いが悪く、入院中に亡くなった父親の墓参りを希望するようになる。ピアノのレッスンとバンドという明示的なリズムとメロディーの経験をしたときに、今までのぎくしゃくしたスタイルが変化するのだ。そしてそれまで仲が悪かった家族とも和解しようとした。

ワーカーYさん　〔クリスマス発表会が〕終わった後には、本人の方から〔父親の〕お墓参りをしたいとか、っていう話をしていたので。なんで、こっちから別に「しろ」とか、まあ「して欲しい」と家族から言われた訳でもなくって、「したい」って言ってきて、『ああようやく向き合うっていうか、できたんだな』っていうので、「一緒にお墓参りを、じゃあ、させてもらえるように、親戚の方にお願いしましょう」つって。「いいよ」みたいな話で、こう、一緒に行ったり。そして、「葬儀の様子って、どうだったの？」とかって、本人がポツリと語ったりして。

墓参り「したい」という願いは、ピアノを習いたい願いの次に登場した二つ目の人とつながる願いだ。Bさんにとっての虐待された暗い人生からおだやかな明るい人生への転換は、迫害的な対人関係だけの世界から人に頼れる世界へと生成変化するという転換期なのだ。ピアノの練習が人生の転換期だったとBさんは語ったが、享楽が転換期になるというのは論理的には結び付いていない。おそらく願いを聞き届け享楽を実現する対人関係を実現することによって、世界が不可逆的に組織化されなおすことが転換であるということなのだろう。

3　ポリリズム、タイミングと対人関係の再編成

バンドと他者の発見

さて、次の引用はインタビューのなかでピアノが初めて登場した場面だ。語りの時系列が前後しているのだが、インタビューのトップバッターだったYさんが治療の膠着を語っていたときに、唐突にピアノを思い出した。私がBさんのピアノについて知ったのはこの瞬間だった。Yさんも子どものころのBさんの願いを叶えるものだったと語っている。〔病棟全体の印象がスタッフとBさんとのあいだでずれているのとは対照的に〕ピアノについてはBさんとスタッフで共有されておりずれがない。

ワーカーYさん　〔入院中は〕病気の勉強とか、〔過去の〕振り返りというか、こう乗ってくれないところもあったので…。

で、まあ、一方で、本人生活してて、なかなか、ご両親が離婚されてたりしてて、なんか、こう、「ホントはピアノ習いたかったのにできなかった」で、「ここにピアノとかあるから、やってもいいですか？」、みたいなところから、なんか、さっきのBさんがピアノ、教えながら、「じゃあ、セッションしようか」みたいな感じで、主治医のAがギター弾いて。私、ドラムやってたから、太鼓叩いて、みたいな。

村上　えー！

Yさん　ていうか、**まさか、だから**、「音楽ワークス」とかって、なんか、プロの**音楽家**の名前付けて、よくやったと思うんですけどね、**今更ながら**。なんか、やったんですよね。一週間、何週間、一～二週間に一回ぐらい、一時間ぐらい、なんか、ピアノが弾くのに合わせて、演奏して、みたいな。

ソーシャルワーカーとしての実践を尋ねられたのに、バンドの話題を思い出したというのは印象が強かったからだろう。しかも治療がうまく進まず変化がないなかで、変化のきっかけとしてピアノとバンドが登場したのだ。「まさか」「今更ながら」「よくやった」と思うというようにBさんとのバンドの経験はスタッフにとっても予想しない経験だったようだ。

この唐突な展開は、本来の遊びにふさわしいものだ。遊びとは、自発的に始まり、どこに進んでいくのかがわからない無目的な活動である。イレギュラーな形で患者とスタッフが組んだバンドに名前がつけられ、それを思い出すというのも、Bさんにとってもスタッフにとっても特別な経験であったことの証拠だろう。少なくとも治療と病院の日常からは切り離されたハレの場になっていることは伺える（最後にはクリスマス会でバンドのお披露目をしている。しかもスタッフはそんなつもりはなかったのに、Bさんから「当然やるんでしょ」とお披露目を言い出したのだそうだ）。ピアノという移行対象が発見され、そこで唐突にバンドという遊びの場が開かれる。ピアノのレッスンという居場所においてリズムが展開し、次にバンドという遊びの場が開かれたのだ。

さて、このバンドの経験がさらにBさんの経験を変容することになる。ここでポリリズムが生まれる。

ワーカーYさん

割と、この方、こう、合わせ、人に合わせたりするのが、苦手、というか、なんか、ま、独自の世界観があって、ちょっと、こう、合わなかったのが、なんか、楽器やったら、ちょっと、こっちの言う、こう、歩調を合わせてくれたりとか、なんか、気のせいかもしれないですけどね、ハハ、なんか。

Yさんは「独自の世界観」というように診断名を避けている。医療の外に出た人付き合いのなかで楽器の話題を進めていく。そして「合わなかったのが」「合わせてくれたり」するようになったという。「気のせいかもしれない」というのは主観的印象という表現だが、むしろYさんの実感としてBさんの変化を感じたということであり、対人関係が組み替わったことが示される。

村上　例えば、最初は、全然、全く合わなかったけど、合うようになったとか、そういうのは、あるんですか？　ど、どんな？　どんな雰囲気だったんでしょうか、それ。

Yさん　そうですね。そうですね。ぜ、全然、全然、全然、全然、合わ、合わないというか、やっぱり、〔Bさんは〕楽器に、こう、ずっと、没頭してる感じで、勝手に、弾き始めてたのが。ま、ちょっと、やるまでに「準備整ってるか」っていう気配をしようかなって、こう、見てたりとかっていうのは、なんか違いとしては感じましたね。

村上　フフッ

Yさん　最初はなんか、自分がピアノで「こんなの弾きたいの。あー！　始まってる。始まってる。」みたいな感じだったのがー、「準備できたか、おまえら。」みたいな感じで、ちょっと、気配があってやったりとか、一つの音だけじゃなくて、ちょっと、アレじゃないですかね、わかんないけど、「活動としてやろう」という意識が、あったのかどうか、ハハ、分かんないですけど。傍目から観てると、なんか、「あ、ちょっと、なんか、こっちに、注意を向けて、やろうとしてるんだ。」みたいなのは、ちょっと、なんか、感じたのは、面白かったですけどね。すいません。全然、ワーカーっぽい仕事内容じゃないんですけど。ハハ。

「ワーカーっぽい仕事内容じゃない」つまり、医療や治療の外に出て遊んでいることをYさんは意識している。治療の外とは管理の外でもある。これはBさんにとっては迫害の外だ。リズムという遊びの場を開いたことで、Bさんは初めて自分を苦しめてきた迫害の世界の外へと出たのだ。

バンドを始めたころに周りに人が居ることを無視してピアノに没頭する様子は「誰かが居る場所で一人になる」とウィニコットが名付けた、ごっこ遊びが始まる時期に達成する主体のありかただ。Yさんは「全然、全然、全然、全然、合わ、合わない」と、「全然」を強調している。

Bさんにとってはじめは周囲の演奏は、ピアノに没頭するあまりに聞こえていなかった。次第に他の人の演奏が意識され、聴きながらアンサンブルするようになる。コミュニケーションの相手としての他者が発見され、タイミングを合わせる経験として実現している。「一人遊び」のなかで段々と他者が発見されているのだ。移行対象を起点とした新しい世界が開かれるなかで、コミュニケーションを取る相手としての他者が発見されていく。この対人関係は、メロディーとリズムの経験において発見されている。

メロディーとリズムを通してBさんは少なくとも他者とともに居るという感覚を手にする。こうして迫害的な非人称的環境ではなく、一人ひとりの見分けがついている人格的交流が始まる。

Bさんははじめ「没頭してる感じで、勝手に弾きはじめてた」のが、タイミングを合わせるようになる。一緒に演奏するプレイヤーに「準備できたか、おまえら」という「気配」をみせる

（今回はYさんの言葉で「気」が登場している）。このような気配はお互いに感じたときに成立するものであり、一方的なものではないから、実際にBさんとスタッフとのあいだでともに生じた感覚だったのだろう。こうしてだんだんと息のあったアンサンブルになり、ともに楽しむということを初めて経験する。「遊ぶことにおいてのみ、コミュニケーションは可能になる」（Winnicott 1971 54）。ばらばらだったリズムが移行対象を通して発見されるとともに、移行対象を軸として周囲の人とコンタクトをとり、タイミングを合わせるようになる。

メロディーは人と人とを出会わせる力を持つ。そしてメロディーを通してリズムが同期し、合ったりずれたりしながら進行するポリリズムとなる。

ポリリズム

人間関係の発見、非人称的な規範に由来するヒエラルキーの解除、共同の享楽、これらはポリリズムとして経験されている。

心理士Oさん　そうかもしれないですね、そうかもしれないですね。うん、こういうふうに濃密なね、本当にファミリーみたいな感じでね、やって、彼女もちょっとやっぱ、子ども返りしてて。で、この、ピアノに関しては彼女は全く未知の体験で、少女の頃は憧れてたけど、やれなかったたっていうね、〔…〕少女の頃の夢がかなったたっていうような体験だから、ある意味、子ども返りして、〔…〕ファミリーのなかでは娘のような感じになって、何かみんなでやいのやいの、それはその、治療というよりは、エンジョイというかですね、お楽しみというか、うん、遊びですね。うんうん。そういう共有だったような気がするけど、口から出任せかもしれません。

村上　いやいや、でも、いやいや、うん、だから。

Oさん　喜びの共有っていうかね、そういう感じですかね。そう、しかも音楽って、やっぱり私が好きなのは体感でリズムを共有するじゃないですか。あれが、私はいいなあと思ってます、体で共鳴しあって。で、り〔ズム〕、テンポ合わないとアンサンブルってできないじゃないですか。だから、みんな身体レベルで六人なら六人のコンタクト取って合わせるっていうのは、みんな、何ていうのかな、音階とかは間違ってめちゃくちゃなんだけど、でも、リズムを合わせるみたいな、あれがね、なんかね、いい気がしますね。うんうんうん。

村上　いやいや、そうそう。すごい大事だったのかなって。

Oさん　何か忘れてましたけどね。何かそんなことそういえば。やりました、やりました。

「リズムを共有」「テンポ合わないと」「コンタクト取って合わせる」「リズムを合わせる」、これらはすべて同じ出来事を語っている。複数のメンバーのリズムは、はじめはずれていたがコンタクトをとれて合っていく。人生のなかで周囲とすれ違い続けて、しまいには入院を余儀なくされる大きなトラブルを起こしてしまったBさんのリズムが、バンドにおいて初めて周囲のリズムと調和するのだ。「音階とかは間違ってめちゃくちゃなんだけど、でも、リズムを合わせる」というように、リズムこそが交流の核になる。

ベルクソンはとくに芸術におけるリズムを論じながら、その特徴を優美さやスムーズさに求めた。[5] 優美さやスムーズさはみなが一つのリズムに乗っている状態だろう。これに対してそれぞれの人が異なるリズムを持つポリリズムの場合は〈ずれ〉がまず先に立つ。ずれと調和が交代しながら進む不連続なものの連続が、遊びの場のポリリズムだ。ポリリズムとはこのようなずれとコンタクトの経験であり、それは移行対象（遊び道具＝ピアノ）を触媒として行われる。つまりポリリズムとは移行対象を介して形成される遊びの場の構造なのだ（移行対象は、すれ違いを生む身体の余白をつかの間埋めて人と人とをつなぐ。とすると「藪の中」の凶器である小刀は、身体の余白を解消するのではなく最大化して謎を露出するという点で、通常の移行対象ではなく「負の」移行対象とでも呼べるだろう）。

つまり「みんなでやいのやいの」言いながらの「遊び」の空間とは、ウィニコットの言葉で言うところの移行領域にほかならない。移行領域は、自分の自発性と他者の自発性が出会う場所だ。Bさんの事例からわかることは、他の人とのポリリズムが生まれる場所である。それはピアノと

5 Bergson. (1889). *Essais sur les données immédiates de la conscience*. Paris:PUF. 9-10.

いう移行対象を媒介としてタイミングなるものが生まれる場所でもある。人と人が出会うタイミングにおいては、このような移行対象がおそらく登場する。時空間上の特異点を移行対象は産出し、特異点が交流を開く。こうしてできたコミュニティをOさんは「ファミリー」と呼ぶ。移行対象と移行領域が生み出した新たな対人関係のことだ。家族とトラブルが絶えなかったBさんだが、バンドのリズムのなかで「ファミリー」を実現するのだ。

移行領域は、コンタクトを取りテンポがずれたりリズムを合わせたりするポリリズムの世界である。この世界が開かれるための変化の触媒となる移行対象がBさんのピアノなのだ。

規範とは別の仕方で作られたコミュニティ

リズムがずれたり合ったりするなかで、他の人のリズムを感じて合わせるということが生じる。合いっぱなしでもなくずれっぱなしでもない、ずれたり合ったりというポリリズムとしての〈ともに居ること〉が実現する。[6]

さて、ヒエラルキーをもたないフラットな人間関係の楽しみは、規範の解体を帰結する。

ワーカーYさん　フフ。予想してない、えー、こっちもやっぱ、本人のやるって、まあ、こっちも音楽好きだし、やっぱチームだったんで、なんか趣味のつもりで始めたって、まあ、一緒に、のっかる感じで始めたんですけど、なんか本人の、うまく、なんか一緒のチームなんだっていう、感じにさせてもくれたのか分かんないですけど、私たちもそうかもしんないですけど。

村上 ええ。ええ。

Yさん なんか、病気とか、対処療法切り口だと、どうしても、なんか、こう「知らしめたろう。」的な感じになってたんですけどー、音楽のときは、別に、そういう話とか、全くしないですし。音楽の話してましたもんね。いったい「どの曲がいい？」とかいうのも、なんか、心理士さんとかと、一緒に決めてたような気もしますし。

この部分はBさんが主語なのか、スタッフが主語なのかはっきりしない語りとなっている。そもそも何かよくわからない流れに「のっかる感じで初めた」わけで、誰が主体なのかもはっきりしない、自然発生的な出来事としてバンドは始まっている。このあいまいさに意味があるだろう。誰が主語なのかわからない交流が「一緒に」というコミュニティを作る。この引用だけで「一緒に」が三回登場する。先ほど見たように、長い間Bさんとスタッフの関係は「一緒に」と呼べるものではなかった。お互いがお互いに距離を感じていたのだ。

6　東畑開人（2019）『居るのはつらいよ』（医学書院）が示した「居ること」はまさにこのようにぎくしゃくしながら合うこともある居場所の姿だった。

「知らしめる」という医療のヒエラルキーではなく、患者、医師、精神保健福祉士、臨床心理士といった立場が異なる人が、音楽のおかげで「一緒に」というフラットな関係をもつ。**フラットにしたから移行対象と遊びの場が生まれたのではなく、移行対象が出現し遊びの場が開かれたことで、自然とヒエラルキーが消えていく。**この順序は大事だ。このとき、まずBさんはスタッフをともに居る人、ともに楽しむ人として発見する。つぎに対人関係の構造が組み替えられる。それとともに世界の組成も組み替えられる。楽しいものとしての世界が生まれ、フラットな関係が生まれる。[7]

ポリリズムの拡張

このことは医療者のパターナリズムの解消だけでなく、Bさん自身の態度の変化をもたらす。つまりいったん移行対象によって経験の様式がバージョンアップすると、それは恒常的な変化をもたらすのだ。

村上　でも、だから、〔バンドで〕周りの方に、注意を受けるようになるのと、あとは例えば、会話のなかで、

Yさん　はい。はい。

村上　まあ、例えば、合わせようとかっていうのとリンクしてるんですかね？

Yさん　なんか、なんか、看護師さんのお話だと、当時の会議で、他の女性の患者さんとかに、割と、上から目線で関わってるっていうのは、看護師が、ずっと、言ってたんですけど。それを、なんか、少し、そうじゃなく見れるように、なんていうのか。ハハッ。なんか、聞こえたんですよね。なんか、割と、「ここは、25℃だったら切る」ってなってたら、25℃でピシャッて、してたのが、25℃だけど、寒そうにしてたりしたらなんか、ちょっと、声掛けて切るとか。なんか、ルール通りだったのが、ちょっと、一旦、そこに居る人の**空気**を、ちょっと、声掛けるとか、っていうのが、あった、なんて、看護師さんは言ってて。なんか、そう、す、「ちょっと上から目線じゃなくなったんだ。」って。よく、報告は受けてましたね。なんか。面白かったですけどね。

バンドの対人関係が病棟の対人関係へと拡張している。つまり遊びにおいて開かれた〈新しい生活様式〉がリアルな日常へと拡張している。言うまでもなく、ここでの〈新しい生活様式〉とは他者を遮断するのではなく、他者とリズムを合わせて交流する生活のことだ。

このとき「〔Bさんが〕上から目線じゃなくなった」というのが面白い。Bさんの語りでは「看護師が上から目線だ」というものだった。迫害的な感覚は双方で釣り合っていた。

7　この点もまた東畑開人の『居るのはつらいよ』で鮮やかに描かれている。

迫害的な世界は「ここは、25℃だったら切る」というように非人称的な規範の世界でもある。他者も自分もルールに支配されているのだ。精神疾患であろうとなかろうとそのような環境は迫害的だ。そしてルールが優先する世界では「一緒に」との出会いがない。ルールに支配されていた世界から変化して、Bさんは「声かけて」と他の人の様子を気遣いつつ調整している（このような他者の様子を気遣う様子もまた、感覚のズレを調整して合わせるのだから合奏と同じポリリズムだ）。日常生活のポリリズムが発見されている。ここでも「空気」の「気」がポイントだ。

このように遊びにおける〈新しい生活様式〉の生成は、日常生活を変容し、退院後の社会関係を準備する。グループホームでスタッフを気遣うようになる経験の原型がバンドで他の奏者を見回す経験だ。つまり移行領域において開かれた世界の再編成はリアルな世界の再編成へとつながる。そして移行領域が人との遊びの世界の編成である以上、移行対象の発見は対人関係の世界の再編成を帰結する。

そもそも**人間の変化はここでのピアノのような移行対象の発見**（そして発見のタイミングと「そこ」という場所）**をきっかけとして始まる**のかもしれない。**そして移行対象が開く遊びの場＝コンタクトの場においてリズムの再編が始まる**のではないか。

移行対象とポリリズム

ピアノという〈移行対象〉は二種類のポリリズムの交点にある。

一つは外的なポリリズム。周りの人とのポリリズムが織り成すアンサンブルのポリリズムは、それぞれ異なるリズムとその変化を持つ。一緒に居るとは、異なるリズムがずれたり合ったりするプロセスである。リズムが合ったりずれたりする結び目として移行対象（ピアノ、音）が登場する。移行対象はそれを通してそれぞれの人の想像の世界が具体化され、かつ出会う綴じ目である。

もう一つは内的なポリリズム。過去の振り返り、病棟の対人関係とりわけホールディングの成立、本人のペースといったBさんが経験しているさまざまな経験の層のもつ多様なリズムの折り重なり、内的なポリリズムが忘却される消失点にピアノがある。ピアノが登場したときに過去のさまざまな文脈が結び合わされるとともに背景へと沈殿する。

また、ピアノを中心としたバンドは二重の〈転換期〉となっている。Bさんが生涯経験し続けていていた管理的で非人称的迫害的な社会から、遊びのフラットな交流への「転換期」（この転換期にホールディングは表に浮上しそして背景に退く）、そしてこれは同時に孤立して迫害的な暗い人生から、対人関係のなかで一人を楽しむ幸せな人生への転換期でもある。

そして二つの〈タイミング〉がある。まず人生の大きなタイミング。入院生活のなかでホールディングが安定し、心理療法のなかで内省が進んだそのときにピアノが登場する。ピアノを活用する準備ができたその〈瞬間〉に、Bさんは病棟に置かれていたピアノを発見するのだ。こうしてホールディングが確保されたのと同じ環境のなかで遊びの場が開かれるのである。準備が整った「とき」にピアノが発見される。

移行領域はピアノという移行対象の「そこ」を基点として開かれている。機会（「とき」）と「別の世界」がペアになる。バンドのセッションのなかで、Bさんは他の人の気配を伺いタイミングを合わせるという経験を発見する。はじめて他の人の様子をうかがい、合わせるという経験をし、そのことに喜びを感じるのだ。連続的に見るとポリリズムである現象は、瞬間的にはタイミングとして現象する。

おそらくBさんの場合、このような移行対象を経験するチャンスに乏しい人生だったがゆえに、入院において際立っているのだろう。多くの人にとっては日々の生活で小さな移行対象との新たな出会いと新たな移行領域の開かれがくり返される。

ところでBさんが退院したあとはピアノは意味を失う（忘れられたわけではないが、楽しみはパソコンや料理にうつる。いったん経験した対人関係の楽しさは再び背景に退き、Bさん本来の性質に合った一人暮らしを楽しんでいる）。移行対象が世界のなかに登場する出来事は、一過的な転換点であり、変化の触媒がそのつどのタイミングで見つかるということなのだろう。移行対象には固有の運命とリズムがあり、浮かび上がっては消えてもいく運命をもつのだ。

ここまではポリリズムそのものの構造を見てきたが、第6章ではポリリズムの触媒となる支援者の役割について論じていきたい。Bさんの事例からもわかる通り、本書の文脈では支援者はリズムの出会いと組みかわりを支える役割を負っている。

第6章　変化の触媒としての支援者

1　予後告知と状況の変化の触媒としての支援者

医療のさまざまな場面において患者や家族の行動の構造と関係の組み換えが変化するということが起き、医療者はその変化に立ち会う。本章ではポリリズムの再編を促す〈変化の触媒〉として対人援助職を描きながら、医療実践のなかに位置づけたい。

たとえば当事者と状況全体の変化は看取りのような場面でも見られる。看取りの現場で一般的になりつつある予後告知やＡＣＰ（人生会議）もそのような変化の触媒の一つのあり方である。私がインタビューをとったある訪問看護ステーションの長であるＥさんは五〇代の看護師である。Ｅさんは「うん。で、最期はもうお話ができなくなるのはもう分かっているので、それまでに『自分が、じゃあ死ぬときはどうしたいか』とか、っていうようなことも、あの、患者さんご自身に、あの、聞くんです。」と語る。
しかし延命治療をするかしないかといった選択を迫ることだけが予後告知とACPの役割ではない。予後告知はむしろ生きることの意味づけのためになる。予後告知を通して死を自覚したときに、生活が小さな欲望と楽しみを焦点として編成しなおされるという変化が生じるのである。

村上　切り出したときは、どういう感じなんですか。

Eさん　だいたいまず切り出すのが、歩けてたのに、ちょっと歩くのが大変になったかなとか、普通にごはん食べてたのに、なんか最近食欲ないなとか、体の変化が何か出たときが、そのタイミングだと、一つひとつのタイミングだと思ってるので、「今、ごはん食べれへんようになってきたわ」って言わはったら、「ごはん食べれなくなったけど、点滴をする？」とか、点滴をせずに、このまま自然の流れでするかとかっていうようなことを、キーワードにしながら、話をしていくんですけど。
トイレに行けてた人がおむつになって。「でもおむつは、人に、家族に替えてもらうのは嫌や」とか、っていうような話から、はい。（村上『在宅無限大』84）

患者が衰えを自覚するとともに「じゃあ死ぬときはどうしたいか」と看護師の口から切り出される。家で過ごしたいのか病院で最期を迎えたいのかといったことだけでない。点滴をするかどうか、おむつを誰に替えてもらうのか、といった看護師による問いかけは、死の接近を告げるものであると同時に、生活のなかでの可能な限り細かい願望の選択である。看護師が聴き取ろうとしているのは、死によって区切られた時間のなかでどのような生活を望むのか、何をしておきたいのか、何を楽しみたいのか、という生活をめぐる細かい自己決定である。この点は多くの訪問看護師が共有する実践であろう。予後告知によって患者は残された自分の生をくっきりと組み立てることができるようになる。つまり予後告知をめぐって死と生が再構成されるのだ。その意味で、看護師は患者の生活の**〈変化の触媒〉**として働いている（予後告知がない場合、「まだ生きられるのではないか」と幻想を抱くとともに死に対する不安が強くなるので、このプロセスはきわめて困難になる）。

ところでこの触媒の働きは「一つひとつのタイミング」をつかむという時間の問いでもある。予後告知には適切な「タイミング」がある。看護師はタイミングをつかむことで時間の面から状況に対して答えを出す。

別の看護師とのインタビューから、小さな願いごとと楽しみの重要性が描かれる部分を引用してみる。変化の触媒が当事者の小さな欲望を支点として作動することを確認したい。

三木さん　で、一番大好きな娘さんが作ったエビフライを亡くなる3時間前に食べて亡くなられた方もおられるんで。「もう食べれる状況じゃなかったのに急に元気になって、エビフライが食べたいって言ったから食べさせました」って。でも、病院だと絶対だめなん

ですけど。家だと、家族主体だし本人主体なんで。それを「悪くなかったと思います
よ」って言って。看取りを始めてってていうような。（村上『仙人と妄想デートする』188）

娘が作ったエビフライを食べることによって患者の願いが叶えられるが、これは訪問看護師によるサポートと肯定によって可能になっている。その場にはいないので訪問看護師は背景に退くが、彼らがいなければこのような最期は成就しない。

そして看護師という触媒のもとで患者の生だけでなく、家族や友人との関係も組み替えられる。さらに死に場所や死に方についての自己決定だけが問題であるなら、患者の意識がなくなった時点で自己決定は不可能であるのだから完結しそうなものだがそうではない。再びDさんの語りから引用する。

Dさん　亡くなる患者さんの、何ていうんですかね、最終、いつも思うのは、どんなふうに生きてきはって、患者さんがどんなふうに今まで生きてきて、病気になってからも、どんなふうに病気と向き合ってきて、家族と向き合ってきて、本当にその人の人生の物語じゃないですけども、なんかそれを、眠ってはる期間、数日間とかも、家族と一緒によく話をするようにはしてるんですね。で、「どんなお父さんでした？」「どんなお母さんでした？」っていうことを、で、そういうことを思い出して、私たちに話をしてくれるってい

うことで、「そうや、こんなこともあったんや」。（村上『在宅無限大』78-79）

死に直面するなかで家族関係が組み立て直されるプロセスに看護師は立ち会う。看取りにおいてはまさに対人関係と語りの組み立てが問題になり、それゆえ患者の意識がなくなりそして亡くなったのちにも患者をめぐる語りのプロセスが続けられることになる。家族の語りのなかで、死にゆく人は最後の主体化をする。このとき「どんな風に生きてきはったか」と人生全体の「生」が強調されるとともに、「どんな風に」と動的で質的な側面をEさんは強調している。触媒のもとで死は生の組織化の一部へと変質するのである。

看護師は医療的な環境を整えることを職務とするがそれだけではない。医療に加えて患者が自ら欲望に従って生活を再構成するための土台（触媒）となり、そのために患者と家族の語りを促す触媒となる。[1] 看取りとは生物学的な死亡の瞬間にのみ関わるのではなく、死が近づく数週間のプロセス（がんや老衰の在宅医療では、的確に予測できる）、そして亡くなったのちのプロセスを語りの場として開くことなのだといえる。

結局、予後告知を行う医療者の役割は、（身体と生活環境の整備の土台の上で）患者や家族が願望と

1　看護師のこのような役割に気づいたときには念頭にはなかったが、結局広い意味でウィニコットのホールディングであろう。逆にホールディングは心理的な依存のことでは必ずしもない。

楽しみを語りだすための触媒であり、さらには時間的な蓄積を持つ対人関係が調和的に作り変わる変化を触媒することである。このように状況のリズムが再構成されてゆく変化を下支えし促す働き、これを〈変化の触媒〉と呼んでみたい。

2　変化のタイミングと変化の支点

看取りにおいては単に生物としての死が問題なのではなく、生をめぐる語りと関係の組み直しが問題になっている。それゆえ、場合によっては患者が**亡くなった後にも看取る家族に対して**〈変化の触媒〉として医療者が機能することがある。次の例は、若い母親が死に向かうときに中学生の子どもたちが関係を結べなくなるという場面である。

Dさん　年末に、その人が亡くなったときに、三人の子どもさんがいてたんですけど、どんどん悪くなっていくのを、冬休みになったから、ずっとそばで見てるんですけど、いつも笑ってるんです、子どもたちが。まあ、一番下の子はお母さんのそばで泣いてるんですけど。いつも、いつも泣いてるんですけど、中学のお姉ちゃんたちは、スマホをいじったり、週刊誌読んだり、テレビ見たりして笑ってるんですね。でも、そのお姉ちゃんたちにも、「もうお母さん、お正月は迎えられないよ」っていうことは、お父さんの口から話してもらってはいてたんですけど、なんでこの子たちは、お母さんが横でゲーゲー吐いてて、「ちょっと背中さすってあげて」って声を掛けたら、「さっきさすってあげたもん」って言って、お母さんが横でまだ吐いてるのに、そう言ってお母さんに近づいてこなくって、「この子たちは、どんな、今、気持ちなんやろう?」と思って。でも、その、下の子どもは多分、自分の感情のままに泣いたり、お母さんにさすったりできるけど〔…〕(村上『在宅無限大』151-152)

人は通常周りの人と関わりながら生きている。この場面では死にゆく母親と娘たちとのあいだでリズムがぎくしゃくしている。複数のリズムが出会うことなくぎくしゃくし、コミュニケーションという形を取れなくなっている。

三人の子どものうち上の二人は死期が近い母親に近づくことができず、自室にこもってテレビを見て笑っている。間近に迫った母の「死」という**状況**のもとで、母と子のリズムがすれ違ったまま対話もブロックしている。対話は体と体が出会うところから始まる。間近に迫った母の死は、部屋にこもった娘の〈身体の余白〉となっている。経験に取り込むことができない外部なのだ。

この引用では変化(の不在)をめぐる時間が明瞭に表現されている。母の容態が「どんどん」悪くなるプロセスのあいだ、「いつも笑ってる」長女次女と、「いつも泣いてる」三女がいる。

「どんどん」のなかでの「いつも」はリズムのすれ違いであり、長女次女が母親と関わるタイミングをつかむことができない状態を示している。「もう」正月は迎えられないという時間の限界があるなかで、上の子どもは「さっきさすってあげたもん」と逃げてしまい「今」が回避される。「この子たちは、どんな、**今**、気持ちなんやろう?」とEさんが問うのは、さまざまなリズムが交差するなかで、出会いのタイミングとなるべき「今」がつかみ取れてないからである。関係と欲望を組織化する「今」のタイミングがつかめない。このときEさんは変化の触媒になりきれていない。言い換えると膠着した状況のなかでの変化の触媒の作動は、さまざまなリズムのなかから「今」というタイミングをつかむという時間性を持つようだ。

　変化は死の直後に起こる。

Eさん　結局、亡くなったとき、「Eさん、息してないみたい」って、その方のお父さんから電話があって、行ったときにはもう亡くなってたんですけど、そのときも、その中学生の子どもたちは別の部屋にいてて、「お母さんの体、すぐ冷たくなっちゃうよ。お母さんに触っといてあげて」って言って、その子たちの手をお母さんのおなかに当てて……。

　そうそう、亡くなったときもそんなふうにしてて、「お母さん、冷たくなっちゃうよ」って言って、お母さんのおなかに三人の手を、こうやって持っていって、で、「お母さん、まだあったかいやん」って言って。「でも、すぐ冷たくなっちゃうんやで」って言って、ずっと触ってて、で、触りながらやっと、その二人のお姉ちゃんたちが、涙がポロポロポロポロ流れてきてたので、『ああ、やっとちょっと泣けたのかな、感情がちょっと出せたのかな。でもその中学生の子どもたちに、私がもうちょっとうまく関われてたら、もうちょっとこの子たち、気持ち吐き出せたり、楽にできたんちゃうかな』とかって思って、それもちょっと分かんないなと思って。なんかそういうことの繰り返しですね。（無音）（村上『在宅無限大』153-154）

母の温かい体が冷たくなっていくのを手で感じることで、娘たちはようやく泣くのである。看護師による働きかけを媒介として親子の関係が組み変わる。先ほどまではすれ違っていた場のポリリズムが調和的なものへと整っていく。

この事例では、Eさんが子どもたちの手を遺体に置くことにより、親子の関係が結び直されている。Eさんと下の妹が、上の子どもたちにとって経験が変化するための**触媒**としての機能を果たしている。

まず下の妹は、「そばで泣いてる」ことで、母親の死を受け止めて母とリズムを交差させることに生前から成功していた。そのうえでEさんは姉妹三人の手をともに取ることで、下の子どもがすでに実現していた関係を姉に引き継ぐことに成功している。それゆえ二人の姉が話題になっていたのにもかかわらず「お母さんのおなかに**三人**の手を」添えたと、いつのまにか人数が変化していることに意味がある。Eさんと下の妹がそれぞれ触媒としての役割を担っている。姉**二人**から「涙がポロポロポロポロ流れてきてた」という意思を超えた中動相的表現は、状況の変化が自ずと起きたものであるということをよく示している。そしてEさんは「もうちょっとうまく関われたなら」と自問しており、実践が完成したとは考えていないのだ。その点でも意図的な実践を超えて、関係とリズムが変化している。Eさんが整えた環境のもとで状況が自ずと変化しているのだ。

今はまだ暖かいがすぐに冷たくなってゆく遺体は、生と死のあわいにある。「すぐ冷たくなっちゃう」一瞬のタイミングをEさんがつかめたことによって、変化が可能になっている。予後告知もそうだったが、状況の変化はタイミングという時間を問いかける。

このとき遺体に手が触れる〈そこ〉を支点として、関係と状況が組み変わる。手と体の触れあいが娘の身体の余白を埋めて娘は母と出会う。遺体と子どもの手の接点は〈そこ〉において変化の可能性が裂開する点であり、**〈変化の支点〉**である。ここでは生と死のあわいにある身体が際立たせられ、鍵となる。「まだあったかい」遺体と子どもたちの手の接点が〈変化の支点〉となっている。遺体と子どもたちの手の接点を基点とすることではじめて、この変化が起きているのだ。空間上はこの生から死への移行を可視化する特異点を作り出したことがEさんの働きである。つまり〈変化のタイミング〉がもつ空間的側面が、〈変化の支点〉である（前の章まで、変化の支点の機能は小刀やピアノという移行対象の形をとって登場していたが、ここではモノには仮託されていない）。

ここでは生と死のあわいにある身体との接点を作ること、そしてすでに母親との関係の組み立てに成功していた三女との接点を作ること、この変化の支点を蝶番として状況はその姿を変える。

支援者の機能は変化の触媒として願望・語り・対人関係の場を開くことであり、変化の支点を見出すこと（＝変化のタイミングを「今」としてつかむこと）である。こうすることによって支援者は、関わる人の関係と行動が自ずと変化するような場所を開く。

3　変化の触媒

社会関係を組みかえる支援者

さまざまな医療現場を見学するなかで、変化を媒介するという支援者の機能が自然と浮かび上がってきたのだが、支援職一般という視野で考えたときにいくつか指摘できることがある。

定義すると、**変化の触媒とは、ある状況が根本的に変化するときにその変化を促す証人である。**医療者を含む支援者はそのような役割を担いうる。変化の触媒が促すのは、その時々における状況の当事者の語りでありそれによって当事者間の関係が組みかえられてゆく。

ところで変化の触媒が関係の変化を促す作用であるとしたら、医療者と患者は一対一の関係である必要はない。むしろ一対一の心理臨床はミニマムに切り詰められた特殊な形態なのであろう。

一対一の臨床では、患者がポリリズムを再構成するべき家族などの相手は診察室で目の前にはいない。精神科医療における直接の介入の対象は当事者をめぐるポリリズムであり、当事者が内にかかえるポリリズムであるという点については第1、2章で見てきた。もちろん精神医学でも家族療法の伝統があり、最近ではオープンダイアローグが複数の支援者と家族が顔を合わせることの重要性を指摘しているとおりである。

とくに医療や福祉の現場を通して見る限り、むしろ支援者と利用者の関係は、広い社会関係と連動しない限り機能しないようだ（本論の引用でも医療チームと家族関係全体が動く）。というのは利用者が再構成すべきリズムはポリリズムであり、個人だけでなく社会関係へと拡がっているからだ。とはいえ対人関係だけを強調したいわけではない。語りと関係を再構成する変化のプロセスには、実は内省も連動している。死にゆく当人にせよ家族にせよ、私秘的な思考が深まるためにも対話が要請されており、そのためにも変化の触媒としての支援者が重要になる。[2] 侵されることがない私秘性の領域を確保するための装置としても変化の触媒は機能している。[3]

変化の触媒はある環境のもとで作動する。語りを促進し関係を調整する環境と、それらを不可能にする環境がある。心理臨床における守秘義務や閉じた部屋も環境であろうが、必要とされる環境は当事者のニーズによって変化するであろう。物理的な空間（自宅がよい場合、隔離された場がよい場合、車座がよい場合、一対一がよい場合など）の設定も重要である。

変化の触媒の変化

また変化を触媒する支援者は、当事者とともに状況に巻き込まれておりそのことが実践の出発点となる。別の若い母親をがんで看取る場面で、次のような語りがあった。

Eさん　うーん、ですね。〔うちのステーションで看取る患者さんは〕若い人たち、結構多いので、なんかこっちも、あの患者さんの場合、子どものことすら思ってて、私も、もう、なんか看護師というより、一母親同士の感情になってしまう。いつもいろいろ悩みます。母親の感情に、一緒に母親になってしまって、子どものことどうしようって、すごい悩んでるときに、自分、もう看護師じゃなくなるんですよね。なんかそれはちょっとどうなのかなと。同じ母親同士の感情が、こう、行き来するようになってしまう。（村上『在宅無限大』145）

2　これは「誰かの前で独りになる力 capacity to be alone in the presence of someone」とウィニコットが呼んだものだが、さらに踏み込んで孤独の重要性についても彼は次のように述べている。「健康な人はコミュニケーションをとり、それを楽しむが、その裏面もまた真実である。個々人は孤立しており常にコミュニケーションを避け、常に（人から）知られず、実のところ（人から）見つかりもしない。」（Winnicott 1965 187）

3　ウィニコットが退行をともなうセッションで行ったホールディングはこれである。クライアントに自発的に孤独になる余地を作り出すことが、capacity to be alone を可能にするホールディングなのだ。最も深い外傷を負っているクライアントに対して彼はこのことを強く意識していた。

このあとEさんは、両親をともに病で亡くして身寄りを失う子どもたちのために施設を探すことになっていく。距離を置いた仕方でこの場面に対応することは不可能であろう。古典的な心理臨床では、あたかも支援者が当事者の状況に巻き込まれずにニュートラルな立場にいるべきであると主張されることもあるかと思うが、少なくとも看護現場をフィールドワークする限り、巻き込まれる実践に必然性があると思われる。とりわけ死が関わる場合、重度の精神障害や身体障害で生存が脅かされる場合、貧困などの逆境の場合にそうである。有効な実践において支援者は巻き込まれつつ冷静に観察するという二重のスタンスを持つことが多い。触媒という単語を選んだのは、利用者と支援者がともに巻き込まれて相互に反応しつつともに変化してゆくという側面を表現するためであり、つまり支援者が利用者の変化の触媒となるときには、同時に支援者は自らの実践の**プラットフォーム**を生成変化させている[4]。状況に巻き込まれつつともに変化するのが変化の触媒としての支援者であると言えるかもしれない。言い換えると、患者の変化を促す変化の触媒自体が変化するのだ。つまり利用者だけでなく、支援者自身も変化しさまざまに関係を組み替えていくのである。

第Ⅱ部では、ずれを生み出す〈身体の余白〉、リズムの出会いのきっかけとなる移行対象あるいは〈変化の支点〉、出会いを促す〈変化の触媒〉という三つの特異点からポリリズムの発生構造を論じてきた。第Ⅲ部ではポリリズムを貫いている力動であるメロディーをテーマにしていく。

4　ローカルでオルタナティブなプラットフォームについては村上（2016）『仙人と妄想デートする』（人文書院）第1章参照。

第Ⅲ部　メロディーについて

序　行為のメロディー

フランスの啓蒙時代の思想家であるルソー（1712-1778）は、歌（メロディー）が人間が人間となるための条件をなしていると考えていた。メタファーとしてではなく事実メロディーが人間の生と共同体を貫いていると考えていたのだ。私はルソーを真にうけてみたい。

多くの場合リズムとメロディーは補い合って音楽を構成する。おそらく歌を持たない文化は存在しないであろう。子どもたちが喜んで歌うだけでなく、日々歌を聴く人、カラオケを好む人も多い。多くの人が自分の大事な歌やメロディーをもつだろう。歌は人間の生活にとって欠かせない要素である。

とはいえ行為のリズムをイメージすることは容易でも、行為のメロディーというものは想像しにくい。メロディー（歌）が行為や経験をどのように貫いているのか、この点については第7章のルソーが大事なことを教えてくれる。歌・メロディーはまずもって生の力動の発露である。メロディーは行為のリズムを貫く連続性と不連続性であり、かつリズムとリズムが出会うための動力、つまりある人の生の運動と他の人の生の運動とが出会ったり同期したりする原理として登場する。第Ⅲ部では、まずイントロダクションとなる例として写真家・齋藤陽道を取り上げる。

第7章　『うたのはじまり』

1　子守唄の始まり

声を描く

『うたのはじまり』（監督河合宏樹）は写真家・齋藤陽道と子どもの樹（いつき）、そして妻の写真家・盛山真奈美（「まなみ」とも表記）の一家を撮影したドキュメンタリー映画である。陽道と真奈美は重度の聴覚障害を持ち手話で生活しているが、子どもの樹の耳は聞こえている。映画のタイトルは、泣き始めた樹を陽道があやしている場面に関わる。陽道がふと「だ・い・じょ・う・ぶ」という言葉から即興で子守唄を歌い始めた場面からとられている。耳が聞こえない陽道がぎこちない発音で発する「だ・い・じょ・う・ぶ」をもとにして、聞こえないままに歌が生まれるのだ。

樹のための子守唄の始まりには他にも二つのバージョンがある。異なるバージョンがあるということは、「うたのはじまり」が決定的に重要な出来事であるということを示しているだろう。

　映画と同じ期間の日々について齋藤陽道が書き綴った書物が『異なり記念日』だ。この本のなかにも二つの「うたのはじまり」が記されている。一つはなかなか寝ない「樹さん」を抱っこして散歩に出たときに「いつき」という名前をくりかえして呼びかけているうちに変奏されて歌になっていく場面だ。聴覚障害ゆえに発音に困難を抱える齋藤は発声にコンプレックスを抱えていたという述懐とともに「歌」について語っている。

> 声を出すことに気持ちよさを見いだせるようになってきたのは、おそらくはきっと、ぼくの声を意味のあるものとして受け取っていない樹さんのおかげだ。それは「赤んぼはことばがわからないから、何を言っても大丈夫」といった侮りではない。
> 　弾むリズムで、つながることばたちを、樹さんにそそぐ。それに反応するように、ウトウト、くてくてになっていく樹さんのからだを感じながら「愛撫として、声を受け止めてくれている」という実感が深まってくる。
> 　このときにぼくが出していた声は、樹さんを眠りにつかせるために愛撫する、もうひとつの手としてあった。意味あることを伝えるだけが、声の役割ではなかった。「ことばの前のことば」で世界を認知する赤んぼだからこそ、ぼくの声は拓かれた。
> 　手としての声。その実感が深まるにつれて、ぼくの声の味も変化していく。（齋藤『異なり

記念日』19：引用者による強調）

あふれてくる声たちは、結びつきながら、ビジョンを顕在化させることばとなっていく。ビジョンがしっかりしてくるほどに、ことばは、好ましいものとして繰り返すことができた。踏みしめた地面、踏みしめた枯れ葉、そこから伝わる感触と交流するように、音を下げたり上げたり、声を振るわせたり。歩みのテンポが歌に生きたリズムを備えてくれる。（同書22）

歌は言葉を離れて「弾むリズム」「生きたリズム」として生まれる。歌は、齋藤の「ビジョン」（＝イマージュ）を「顕在化させる」媒質だ。歌の流れに乗ることで、なにもない状態からリズムが生まれる。

さらに子守唄は、子どもを前にして自ずと湧き上がってきたメロディーである。つまり歌は自発的な発露であり同時に大事な他者からの触発でもある。ところで歌は父から子への体の働きかけであるが、それは子どもが「ことばの前のことば」に住むがゆえに「僕の声は拓かれた」。すなわち樹さんこそが父親を触発し歌を生み出している。まず子どもの生命の流れがあり、その流れに沿ってメロディーは生まれるのだ。

そして子守唄というメロディーはまさにそれ自体が子どもを「愛撫」するケアである。齋藤が指摘しているようにメロディーは手で触れる触覚、つまりホールディングなのだ。メロディーが子どもの生から触発を受けた齋藤の生の発露であり、そしてそのようなメロディーが子どもを支え、子どもは安心して眠る。

子守唄は眠りを誘う。メロディーを介した人のつながりは眠りという安心感に由来する（メロディーの受け手の）個体化へとつらなっている。居場所における〈リズムのゆるみ〉ともつながるだろう。

「い」「つ」「き」という三つの音からなる音節から自然に湧き上がった子守唄は、あたかも子どもが自由にごっこ遊びを展開するかのような即興的な営みだ。父親の唄を聴きながら眠っていく子どもにとって、この唄はどこかからやってくるものであるが、同時に慣れ親しんでいる自分を取り囲む声であって異質な外部からやってくる騒音ではない。ウィニコットは子守唄もまた内でもなく外でもない移行現象であると語っているが（Winnicott 1971 2）、ここでの歌・メロディーはむしろ樹にとって（移行対象の手前で樹を支える）ホールディングであろう。

手話の歌

もう一つの「うたのはじまり」は、母親の真奈美が手話で樹にむけて物語を紡ぐ場面である。

天に向けて小指だけがピンとたっている。

その手の形は指文字で「い」となる。

「い」の手が横になったかと思うと、手首も腕もゆらりゆらり揺れて動き出す。やわらかな曲線を描いて動くそれは、魚が泳ぐ動作を模していた。〔…〕魚の尾っぽとして小指の先がゆらめき、腕はたくましい胴体として力強く全身を揺らして泳いでいる。ときどき、水の抵抗に逆らう様子を見せながらも悠々と泳いでいた。（同書64）

手指の動きがそのままメロディーになっている。メロディーは音声に限られたものではないのだ。こうして手話の子守唄も「い」「つ」「き」という名前から歌が変奏されていく。


まなみの母がそうしたような、指文字をリズミカルに動かす手遊びのようなものをぼくは想像していた。だから、まなみが表した手の物語にはすっかり意表をつかれた。「い」は魚でもありえた。「い」の意味以上に「い」をふくらませる、あるいは、「い」を別のものに生まれ変わらせるという発想が、ぼくにはまるでなかった。

そのときぼくは指文字のことを、紙に定着した『文字』と同じようなものとみなしていたことに気づいた。「指文字」と書くけれど、そのことばが発されるところは〔…〕生身のからだが存在する三次元空間でこそ生まれている。紙の文字と指文字は、まったくの別のものなのだ。（同書71）

言い換えると「生身のからだ」から生まれる指文字は、刻一刻と変化する声であり物語を乗せる歌でもある。歌は音声によらなくても良い。歌とは、リズムがコミュニケーションとなることなのだ。それゆえに、この指のメロディーは「「い」の意味以上に「い」をふくらませる」、つまり「ことばの前のことば」に根ざしているがゆえに一義的な言葉の意味に縛られない**多様な「意味」をはらむ母胎**なのだ。メロディー（歌）とは、体の自発的な動きが多様な意味の母胎となり、他の人の体と共振することである。

2　声

静けさ

ところで「歌」のはじまりはおそらく静寂の経験を前提としている。齋藤は幼少期から補聴器の不自然なノイズと、補聴器のスイッチを切ってもまだ残る「ざざざざざ」という耳鳴りに悩まされてきた。ところが小学三年生の海水浴で初めて補聴器のない世界を経験する。

何かの音が聞こえた。
これまでに聞いたことがない、高い、高い音だった。

すぐ溶けてなくなるほどに、とてつもなく繊細な高い音。〔…〕

何もかもが新しく感じられた。その新しさにのめり込んでいたら、ふと補聴器を外している間はずっと聞こえているはずの「ざざざざざ」という耳鳴りが途絶えていることに気づいた。

ただ単に音が途絶えただけの状態よりも、いっそう純度の高い静けさだった。

気持ち良かった。掛け値なしに、気持ちが良かった。

深い静けさが、目のまえの光景に奥ゆきをもたらしてくれた。（齋藤『声めぐり』88-89）

「静けさ」を「純度の高い静けさ」として「聴く」経験は、歌が歌として始まるための土台となっている。リズムがゆるむ居場所が「語らなくてよい場所」であるがゆえに「対話の場所」（＝ポリリズムの場所）になるように（第3章）、個人においても純度の高い静けさの経験は歌の手前で歌を支えている。〈リズムのゆるみ〉と静けさは、ポリリズムとメロディーが開かれるためのゆりかごだ。

そして「深い静けさが、目のまえの光景に奥ゆきをもたらしてくれた」静けさを土台として世界全体の秩序が生まれることになる（第10章）。

「ほんもののことば」

このあと齋藤は二つの「声」の経験を描いている。
地域の学校に通っていた中学一年生の齋藤は、聴覚障害を押して普通学級に通いながら、いじめを含むつらい経験をしていた。一人目の「声」はその頃、石神井ろう学校との交流会の日に校門で経験した出来事である。登校してくると知らない女性が校門に立っていた。

だれかの親だろうか、と思いながら女性のそばを通り過ぎようとしたときだった。女性が、かがみこんで、節目のぼくの視線をとらえながら「おはよう！」と言った。力強い挨拶だった。その目は、まぶしいくらいにまっすぐで直視できなかった。（同書 119-120）

その女性はろう学校の国語の先生だったのだが、それから三年間齋藤は交流会の朝にだけ校門で出会い、「おはよう」と挨拶される。

ろう学校の先生と中学校生活の間に交わしたことばは、〔年に一回だけ校門でかけられる〕三つの「おはよう」だった。たった三つのそれが、暗澹たる中学校生活を見えないところで力強く支えてくれていた。

もしこの挨拶がなかったなら、きっと「聞こえる側だから」という呪縛のままに普通学校へ進学しては、聴者社会に適応しようと頑張ったあげく、心身ともに壊れてしまっていただろう。先生の「おはよう」が、石神井ろう学校に入学する決め手になっていた。(同書 121)

齋藤はこのまぶしいくらいにまっすぐの「おはよう」を「ほんもののことば」と呼んでいる(同書 123)。この時期、齋藤に向けて放たれ、たしかに齋藤が受け取った言葉が、この「おはよう」だけだったのかもしれない。認知症高齢者の介護の思想であるユマニチュードが正面から声をかけることを大事にすることも思い出される(ジネスト・マレスコッティ 2016 186) メロディーを支える隠れた要素とは、この「声」である(もちろん音声ではなくても良い。手話の「声」のこともあろう)。この「声」とは相手に向けられて放たれ、受け止められて触発するというベクトルをもつ。本書では今まで同じリズムに乗る、あるいはメロディーを共有するという並走する関係を描くことが多かったが、実は私とあなたの並走するポリリズムは、あなたから私へ向けて呼びかける声が届くことを前提としている。声が届いたときに、他の人も私のリズムに合ったりずれたりする可能性が開かれるのだ(かつて私はこのような直行する触発を「視線触発」と呼んだ(村上 2008 第1章)。これはゼロ歳児に始まる人間の本源的な機能だ)。

沈黙の声

もう一つはドッグレッグスという障害者プロレスでの下半身麻痺のレスラー「胸男」との対戦

の場面だ。頭突きで気を失って試合が終わった直後、リング上で胸男のポートレイトをとった場面だ。

試合直後の疲れ切った気怠げな雰囲気。鼻背が切れていて、とろりと赤い血が流れている。連続した頭突きで、額は内出血している。薄い笑顔。とても激しい試合のあととは思えないほど、その一枚は静謐に満ちていた。その顔が、胸男との試合という対話の濃密さを物語っていた。

試合のとき、一言もことばをかわさなかった。けれど、何十時間と話をして伝わるものよりもさらに深いものが、こころに触れた実感があった。実際、それから胸男とは、仲が良い。からだを通して伝わりあう「声」がある。からだだけで対話することもできる。（同書 174）

血が流れるレスリングのなかで「静謐」、沈黙を経験することが、正確には、沈黙のなかで体を通して声を届かせたことがここでは「何十時間と話をして伝わるものよりもさらに深いもの」となっている。静けさのなかで声では発声されない「声」を経験したことが、このあとの歌へとつながるのだ。この状態は第3章で「リズムのゆるみ」として登場した沈黙とつながる。リズムもメロディーも、その基盤に沈黙が横たわる。小学生の頃に海水浴で経験した「純度の高い静けさ」が激しいボディコンタクトのなかで「声」すなわち「ことばの前のことば」へと変換されたのだ。

声を届かせて受け止めることで、他の人のリズムへと開かれる。声に載ったメロディー（歌）は多様な「意味」の母胎となる。メロディーのなかでリズムは分節され、リズムの出会いはポリリズムとなる。

次の第8章では、齋藤が教えてくれたことを、もう一段階理論化する。ルソーを読みながら、音楽と人間の起源を結びつけて行くことになるだろう。

第8章　歌によって人はつながる——ルソー、メロディーとしての人間

SERPINA
Lo conosco a quegli occhietti
Furbi, ladri, malignetti,
Che, sebben voi dite no,
Pur m'accennano di si'.
UBERTO
Signorina, v'ingannate.
Troppo in alto voi volate,
Gli occhi ed io dicon no.
Ed e' un sogno questo, si'.
（ペルゴレージ『奥様女中』第一幕）

1　ラモーとペルゴレージ

序章でリズムは「移ろいゆく動きのただなかにある形」と定義された。リズムは「形」のことなのだが、それでは「形」を貫いて「形」をそのつど生みだす「動き」はどのようなものなのか。この「動き」を「歌」としてとりだしたのがルソーである。

ルソーの著作『人間不平等起源論』と『社会契約論』はフランス革命を準備し、『エミール』

は教育学の出発点となり、『告白』や『孤独な散歩者の夢想』は近代的で孤独な自我の始まりを告げた。異能の思想家ジャン゠ジャック・ルソー（1712-1778）は、実は音楽家としてキャリアを始めた。

一七五二年、四〇歳のルソーは、ルイ15世の面前でオペラ『村の占い師』を上演し大成功を収めた。二年前に『学問芸術論』で一躍有名人となっていたルソーだが、それまでは『百科全書』での音楽に関する項目の執筆や新たな記譜法の考案など、音楽学の分野で知られる存在だった。若いころ音楽教師を経験した彼にとって、音楽が単なる趣味を超えた意味を持つことは、『告白』での詳細な記述からも明らかだ。音楽家としては大成したとはいえないルソーであるが、音楽が彼の思想の通奏低音になっていることがわかる。ルソーの思想は、人間の本質がメロディーだという主張を出発点に置いている。

ルソーは、和声（和音、ハーモニー）を批判し、全員が同じ音程で一つのメロディーを奏でるユニゾンこそが音楽の究極の姿だと考えていた。[1] 当時フランス音楽を代表する作曲家であり和声の理論家だったラモー（1683-1764）を批判し、イタリア音楽を持ち上げる。[2] そのときルソーの念頭にあった作曲家は、二六歳で夭逝（ようせい）した、『スターバト・マーテル』で有名なペルゴレージ（1710-1736）である。ルソーのオペラ『村の占い師』は、形式上も台本もペルゴレージのオペラ『奥様女中』（1733）をモデルとしているほどだ。そもそも『村の占い師』初演と同じ年の『奥様女中』のフランス初演をめぐって、このラモーとルソーとのブフォン論争は始まったのであった

（Œuvres complètes tome V 以下 O.C., V と表記する 1449）。「フランス音楽についての書簡」（1753）から引用する。

ここ〔パリ〕では誰もが知っている〔ペルゴレージの〕コミカルな二重唱を引用できます。大胆かもしれませんが、これをメロディーの統一の歌、対話の歌、趣味のよい歌のモデルとして引用したいと思います。私見では、上手に演奏され、聴衆が聴きとる力があるときには、完全無欠の歌なのです。その歌とは『奥様女中』の第一幕の「その目でわかるわ…」です。
（O.C., V 311 ：ほぼ同じ文章が『音楽辞典』「二重唱」の項目 O.C., V 794 にある）

本章冒頭に歌詞を挙げた、『奥様女中』第一幕フィナーレに歌われる、セルピーナとウベルト

1　和声がメロディーに貢献するべきだと主張したテキストもあるので、必ずしも和声を完全に排除しろと主張したわけではないが（「フランス音楽についての書簡」O.C.,V 305）。

2　ルソーは「イタリア・オペラとフランス・オペラについての書簡」（1744-1745）で、ラモーの『和声論』を目の敵にした。ラモー（1722）によれば「メロディーは和声 harmonie の一部にすぎない上、音楽の属性全体に完全に通暁するためには、以下で証明される通り和声を知れば十分なのではあるが、音楽は通常和声とメロディーに区分される。」（Rameau 1）。『プラテ』や『優雅なインド』といったオペラで、心躍るリズミカルなダンスとメロディーを創作したラモーを知っていると、和音・和声をメロディーよりも重視しているのが意外である。メロディーをハーモニー（和声）に従属させたラモーに対し、ルソーはメロディーこそが音楽の核であって、和声はメロディーに従属するべきだと考えた。

の生き生きとした二重唱をルソーは愛した。彼はこれは「メロディーの統一」と述べている。この聞きなれない言葉をルソーは概念として用いており、『音楽辞典』（1767：ただしプレイアード版の解説によると執筆は1749-1764）のなかでも項目を立てている。そこには以下のようにある。

〔フーガのように〕一つひとつのパートが同時に聞こえるそれぞれの歌をもつとしたら、お互いを破壊しもはや歌ではなくなってしまうであろう。全てのパートが同じ歌を作るなら、和声はなくなり、合奏はユニゾンになるであろう。（O.C., V 1144：以下、『音楽辞典』原文の強調は反映しない）

ポリフォニーは各声部がお互いを消し合うために歌が消されてしまう、とルソーは言う。ルソーにとっては音楽は理想的にはユニゾンに至る。つまり一本のメロディーに収斂する。このような一つの歌でできた理想の共同体のことをルソーは「メロディーの統一」と呼んだのだ。『音楽辞典』の「声」の項目でもユニゾンが強調される。

歌と声を区別する真の特徴は、ユニゾンを捉えたり感じることができる心地よい音を形成することであり、和声的で通約的な音程によって音から音へと移行することだと思える。（O.C., V 1149）

音と音をつなぐ連続性であり、かつ和声を構成するがゆえに〈声〉は〈歌〉になるというのだ。つまり対人間の共同性と連続性こそ、〈歌〉が生み出すものだということになる。第Ⅰ部で論じてきたポリリズムは、どちらかというと個人あるいは個々のグループの個別化に関わっていた。人が個別化しながらコンタクトをとるのがポリリズムだ。**ポリリズムの特異性はその人や対人関係の個別性**そのものだった（特異性の核には〈身体の余白〉という自分自身でもつかまえられない外部がある）。これに対して**歌は人と時間をつないでいく役割、連続性を作る役割**を担っている。

メロディーあるいは歌は、人の生にとっていかなる意味を持つのであろうか（フランス語において mélodie という単語は「旋律線」と「歌曲」の双方の意味を持つ。そのためメロディーと訳す）。ルソーにおいては、歌すなわちメロディーが、生の連続性を作るとともに、生を物質的自然から切り離すことで、人間を人間として成立させることを示していきたい。[3]

3　本論ではルソーを現象学の視点から読み直す。『言語起源論』についてはいうまでもなくデリダ（1967）の巨大な論考『グラマトロジーについて』があり、これは精神分析に大きく依拠している。これに対して現象学を起点とする論考はほとんど無いようだが、フッサールではなくハイデガーとルソーとの関係を論じたものとしてはラクー＝ラバルト（2002）の『歴史の詩学』が挙げられる。

2　歌によって人はつながる

身振りから声へ

ルソーは、泉の周りで偶然であった男女が互いに惹きつけられるという牧歌的な神話あるいは幻想を語る（『言語起源論』O.C., V 405-506 邦訳 178）。孤立に抗う力として、人間を惹きつけあう情念と、それにともなう歌という最初の非自然がある。初めの人間性とは、人と人を惹きつけあう親和力であり、それが歌のもつ機能の一つなのだ。歌という次元は人と人とをつないでしまう力として働く。

『言語起源論』において、ルソーは言語の起源を愛を交わす歌に求めた。歌こそが言語の始まりであり、音楽と言語は共根源的だというのである（O.C., V 410 邦訳 184）。理性ではなく、情念に言語を結びつけたことがルソーの特徴である。[4]

以下では言語の起源であるメロディーが、人間の精神性を形づくり、[5]「人間」という現象の根源を規定する、という彼の直観の射程を吟味したい。

ルソーはしばしば人間の「自然状態」を起源において議論を進める。ルソーの「自然状態」は人々がばらばらに離散している状態だ。[6] これに対し、ルソーによって言語の出発点とみなされた歌は人を結びつけるがゆえに、自然状態ではない。『言語起源論』を引用する。

言語も身振りもどちらも自然のものであるが、しかし身振りのほうがより簡単であり、慣習によるところが少ない。(O.C., V 374 邦訳 138 改訳)

必要(ニーズ)besoins が最初の身振りを決め、情念 passions が最初の声を引き出したと信じる理由がある。〔…〕最初の必要(ニーズ)のもたらす自然な効果は、人間どうしを引き離すことであったので、近づけることではなかった。(O.C., V 380 邦訳 143-144 改訳)

4 ただしルソーの記述は錯綜しており、必ずしも歌が先で理性が後というわけでもなく、北方の言語では発生の順序が逆転することからも、情念と理性は、(どちらが先立つわけでもなく)還元しえない独立した二つの要素なのだと考えているのだろう。理性は『社会契約論』に結実する市民社会の創設へとつながる。情念は祭りのなかでの集団的高揚へとつながる。『演劇についてのダランベールへの手紙』や『新エロイーズ』に見られる。スタロバンスキー(2006)によると「ルソーによって夢見られた祭りは、祭りがあるだけでその熱気の糧とするような民族の融合の感情である。」(Starobinski 90)

5 ルソーと同時代の著作家たちとこの点で袂を分かつようだ。この点については増田真(2010)が百科全書派やコンディヤックとの関係をまとめている(増田 209-211)。

6 言語を用いることがすでに動物的な自然からの距離を意味しているのだから、自然人というのはそれ自体矛盾した呼称である。この点を精査したのがラクー゠ラバルト(2002)の『歴史の詩学』である。「人間の本性〔自然〕は自然をもたないことである。あるいはお望みなら、人間は自然的存在ではなく、根源的に自然が欠落した存在であると言ってもよい。」(Lacoue-Labarthe 邦訳 54)

身振りは自然的なものであり（ルソーにおいて自然状態とは人が孤立した状態なので）、人と人を引き離す。

これに対し、**声は人をひきつけ合うがゆえに、反自然的なものの始まりである**。人は誰かの声に呼ばれたらふりむいてしまう。[7] ルソーがここで試みているのは、規範に基づく社会（社会契約による一般意志の発生）とは異なるタイプの共同性の解明である。情念においてどのように共同性が作られるのかという現象学的な問いが立てられている。

声という概念で問われているのは、生理学的で唯物論的な因果関係から離脱する力であり、かつ能動的な認識や理性からも離脱する力である（ベルクソンが『創造的進化』で「生命」と呼ぶものへとつながっていく）。人が人とつながる次元を声はひらくためだ。人間を人間として特徴付ける次元を創設すること、ルソーはこれを「情念」と呼んだ。声を用いる歌とは、**コミュニケーション固有の情念の次元**にほかならない。

声から歌へ

歌は声と比べたときにもう一段階自然から遠ざかる。歌は泣き声という人間の自然状態から離脱するのである。『音楽辞典』から「歌」の項目を引用する。

歌は人間にとって自然なものとは思えない。〔…〕子どもは泣き叫び、涙を流すが、まったく歌うことがない。自然に由来する最初の表現は、子どもにおいてはメロディアスなものでも響きの良いものでもない。子どもは、話すのを学ぶように歌うことも私たちにならって学ぶのだ。メロディアスで心地良い歌は、話す声あるいは情念を帯びた声の抑揚を、穏やかかつ人工的に模倣するものにすぎない。泣き叫んだり嘆いたりするときには歌わない。しかし鳴き声や嘆きを歌によって模倣する。あらゆる模倣のなかで最も興味深いのは人間の情念の模倣であり、あらゆる模倣の方法のなかで最も心地よいのが歌である。(O.C., V 693)

泣き声が情念を直接表出した現象であり、正確には情念と身振りとが区別されていない自然状態であるのに対し、歌は泣き声を「人工的に模倣」することで情念を純粋に抽出する。模倣については次節で検討するが、ともかく模倣の間接性ゆえに「歌は人間にとって自然なものとは思え

7　身振りと声とは両方とも言葉の種となった「自然」であるが、身振りの方が慣習の介入が少ないため「より自然」である。身振りは動物として生存が要請する(つまり資源＝食料を手にする)「必要(ニーズ)」の系列に属す。必要は技術や社会・記号を生み出し、理性的な言語を貫くことになる。つまり一般意志において市民社会とにいたる「必要」の系列の起源には「身振り」があり、こちらはむしろ情念よりも「自然」なのである。ねじれた議論だが、市民社会へと帰結する方向性よりも、情念で人を結びつける「声」は反自然なのだ。細川亮一(2007)は『純化の思想家ルソー』において、『人間不平等起源論』や『社会契約論』で論じられる社会を構成する「市民」としての共同性の線に対して、『言語起源論』から『エミール』にいたる情念がもたらす「自然人」としての共同性の線を「人間」として細川は規定している(細川 52-64)。しかし私たちが示すように、情念は「人間」であるが「自然ではない」。

ない」のである。

模倣であるという性格ゆえに、歌は自然に対して次の三つの距離を作る。まずは情動の自然状態からの隔たりとしての〈心〉を生み出すことである。

次は孤独という自然状態からの距離である。歌は人と人を結びつけることで自然状態の孤立を打ち破る。これが情念による〈結びつき〉を生み出す。歌は恋歌であり人と人とを結びつけることで、自然から脱却させるのだ。歌は人と人とをつなぎ、経験の連続性もうみだし、そのようにして自然から離脱する力だ。

最後に物質が支配する無機的な自然からの脱却として、〈生命的なものの次元〉を模倣は可視化する。

3 模倣——人間の誕生

〈心〉の誕生

声と歌は自然から遠ざかるだけではない。遠ざかりながら自然を模倣する。裏返すと、自然を模倣することによって、自然をも抽出する。ベートーヴェンが「絵画的な描出ではない」と語りながら交響曲第六番「田園」を作曲したとき、理念としての「田園」を提示することで、自然というものが発見されている。

と同時に先ほど見た通り、模倣というワンクッションが置かれることで、情念がピュアにくくりだされる次元としての〈心〉le moral が創設されることになる。

すなわち歌の次元の誕生にともなって、人間を特徴づけるいくつかの領域が同時に誕生する。『音楽辞典』の「模倣」の項目は模倣が何を生み出すのか教えてくれる。

あらゆる自然が眠りについたとしても、自然を黙想する者は眠らない。音楽家の技巧 art は、対象がもつ感覚し得ないイマージュ l'image insensible に代えて、その対象の現前が黙想する者の心に呼び起こす運動がもつイマージュを置くのである。(O.V., V 861)

音楽が自然を模倣するときには、「黙想」と「技巧」という距離を自然に対して作る。個人の〈心〉と創造性を生み出すのだ。芸術家とは、目に見えないイマージュを目に見えるイマージュへと置き換える人のことだ（イマージュについては第10章で詳述する）[8]。

人間は〈覚醒した者〉として、自然から切り離され、自然を眺める。音楽は〈目には見えないイマージュ〉である自然の模倣である。音楽とは、自然と人間の隔たりの痕跡であり、その隔たりによって生じた自然から人間への触発の痕跡であることになる。元々の自然は「感覚し得ない」のだ。人間不在の世界の痕跡が芸術であり、このような痕跡とともに人間の世界は生まれる。

「意味」の誕生

模倣は情念を模倣するのであるが、表現されたところの情念は模倣によって初めて生まれたものでもある。つまり奇妙な循環が生じる。先ほどの引用でも、歌は「発話をする情念を帯びた声」の「おだやかで人工的な模倣」だと言われていた。自然状態の叫び声には「情念」という言葉は使われていない。歌が泣き声の模倣をしたときに始めて「情念」がくくりだされるのである。既存の情念を模倣するのが歌なのではなく、情念は模倣の成立において生じるのである。つまりまず歌という模倣の運動があり、次に模倣されたものが初めて生み出されるという順序の逆転が生じている。ベートーヴェンの「田園」は自然から受けた触発を音楽に表現することで、あらためて「自然」を発明したのだ。しかもこうして生まれた情念はすでに自然状態を変質し隠蔽している。

歌という模倣は、本来起源を問うことができないはずの〈人間固有の次元〉の「発生」を事後的に跡づける。「歌のはじまり」という跳躍は「人のはじまり」なのだ。

情念とは、言語記号の意味の手前ではたらくかっこつきの「意味」である。齋藤が「意味」の多様な母胎として歌を考えていたことを思い出そう。人間が共有する「意味」は、「ことばの前のことば」として歌において生まれるのだ。歌がもつ模倣の力こそが記号を可能にし、歌を通しての交流こそが人と人との「意味」の共有の始まりなのだ。

歌は周囲の人を引きつける。そもそも〈心〉とは、歌によって外部の他者へと伝達された情念すなわち「意味」である。〈心〉は他者への回路として作られる。歌とは〈心〉という〈**内面**かつ**他者**との**コミュニケーション**かつ**「意味」**の領域〉のことなのである。情念の模倣ゆえに、メロディーは〈心〉の創設の痕跡であり媒体である。[9]

人間的世界の誕生

歌が〈心〉の次元を生み出すとき、歌を支える音響の性質も変化する。歌がもつ模倣の力が音を記号に変えるからだ。

メロディーは声の調子を模倣することで、嘆き、苦痛や喜びの叫びや呻きを表現する。す

8 〈心〉は意志を持った能動的な理論理性 la raison のことではない。デカルト以来の魂 l'âme の受動的側面としての情念の伝統のなかで le moral は考えられる、生理学的な身体から区別された〈心〉le moral の次元である。フランス語で「私は元気です j'ai un bon moral」は直訳すると「私は良い気分を持っている」だ。小田部胤久（2009）はルソーとほぼ同時代のイギリスの美学者ヤングがシェイクスピアの天才の由来を「自然の模倣」としてまとめている。歌という「自然の模倣」は（古代人の模倣とは異なり）「自然の源泉から汲み出す」ことで真に創造する（小田部 93）。

9 ルソーがハーモニーに対するメロディーの優位を主張してラモーを批判する根拠がここにある。ルソーにとって和声とは周波数の比例を計算した制度的な操作・規範である。「ハーモニーは純粋に物理的な原因の一つ」（「ラモーが主張する二つの原理についての検討」O.C., V 348）であり、コミュニケーションとしての「意味」から遠ざかるものなのである（O.C., V 241）。

べての情念の音声的な記号がメロディーに由来する。(『言語起源論』O.C., V 416 邦訳 191 改訳)

メロディーのなかにある音は、ただたんに音として私たちに働きかけるのではなくて、私たちの情念や感情の記号として働きかける。このようにして音は、そこに表現される運動すなわちイマージュとして認識される運動を私たちのなかに呼び起こすのだ。(『言語起源論』O.C., V 417 邦訳 193 改訳)

メロディーのなかの音は、音響(単なる音)ではなくなり、音楽の素材としての楽音となる。[10] これは単に楽音の問題なのではない。感覚野全体が「意味」を帯びた楽音になりうる、つまり「ことばの前のことば」になるということである。[11] 歌の出現とともに感覚世界は、単なる物理現象ではない潜在的な「意味」へと変質するのである。歌の誕生とともに無垢の自然が人間の世界となるのだ。[12]

ハイデガー的な道具的言語と行為で秩序だった世界の手前で、テクネーの世界の手前で、あるいはソシュール的な言語記号による世界の分節の手前で、歌によって世界が人間化されるのである。

表現する身体の誕生

このようにして拍子と音が音節とともに生まれ、情念がすべての身体器官に語らせるようになる。こうして声は輝きをもって飾られる。このように、詩、歌、言葉は或る共通の起源を持つ。(『言語起源論』O.C., V 410 邦訳 184 改訳)

「情念がすべての身体器官に語らせる」。情念(「意味」)こそが身体を人間化し、〈表現する身体〉を創りだす。歌において表現の場として人間の身体が登場する。『人間不平等起源論』では自然状態の身体が「道具」(邦訳 43)とされている。とすると(生存のための道具として自動的に働く)道具的身体から独立して、歌の世界では〈表現する身体〉へと変質すると言ってもよい。

---

10 音響と楽音との境目は、微妙な問題でありジョン・ケージ以降、二〇世紀の音楽家の大きなトピックとなったことを、近藤譲(1979)にならって思い出してもよい(近藤 ch. 1)。言語の体系を支える記号ではなく、歌という触発の記号、つまり共有された「意味」産出を支える「記号」として音は機能することになる。かっこをつけたのは言語記号ではないからである。

11 言語記号の意味とは異なる創造性を司る「意味」と「意味」についてリシール(1992)における「生成する意味 sens se faisant」とそのヒュレーとしての「現象学的「記号」« signes » phénoménologiques」を念頭に置いている。

12 これはハイデガーにおける自然(ピュシス)と世界、自然とテクネーの関係を想起させる。ラクー=ラバルト(2002)は、ハイデガーがルソーから受けた影響を隠していると主張している(Lacoue-Labarthe ch.1)。

表現する身体は表現する諸器官へと分節する（ルソーは言語の発達にともなう口蓋の構造の変化について語る O.C., V 383 邦訳 147 あるいは O.C., V 387 邦訳 253）。身体は未分化な塊でも自動機械でもなく、コミュニケーションのなかで「意味」産出しながら自己組織化する構造、メルロ＝ポンティにならっていえば身体図式へと変質するのである。

こうしてみると、「歌」は、情念という「意味」、他者、人間的世界、表現する身体といった人間固有の領域を作り出すような、創造の一撃となっていることがわかる。**ポリリズムがずれと出会いをはらむ複数のリズムの絡み合いであるとすると、メロディーはポリリズムを可能にする人という次元の開かれのことである。**メロディーゆえに他のリズムと出会い、他の人と出会えるのだ。

4 〈生〉の次元としてのメロディー

絵画が「生気を持たない」のに対し、歌は「生気を持つ」ではなく「似たものを告げる」。歌は他者の生命を感じさせるが、〈生命を感じさせる〉ことと〈私と似た他者がいる〉と認識することとは同じことなのである。他者の誕生と生まれていることの感覚とが密接に結びついている。生と結びついているということは、歌は絵画よりも自然（＝物質）から遠いという根拠になっている。やはり歌は生き生きとしている限り非自然なのである。ルソーが愛したペルゴレージの二重唱は、まさにヴィヴァーチェで生き生きとしている（vivace はイタリア語で「生き生きとした」という意味だ）。早口言葉のように速いのでのちのロマン派オペラの朗々としたアリアを期待すると肩透かしを食らうが、このヴィヴァーチェにこそ意味がある。歌とは生命を表現する機能のことなのだ。

先ほど引用した、『言語起源論』の文章の少しあとでルソーは次のように書いている。

ある同じ対象に手を置き、そこから目を離さないでいると、次第にそれは生きている感じから、死んでいる感じに変化する。感覚は同じ刺激を受けているのに、どうして印象に変化が生じるのか。丸み、白さ、確かさ、穏やかなぬくもり、やわらかな弾力、交替する膨らみなどは、その下で命に満ちた心臓がおののき、脈打っているともし思わなければ、ただたんに柔らかいだけでなんの意味もない感触を与えるだけであろう。（『言語起源論』O.C., V 418 邦訳 194 改訳）

感覚に注視したらゲシュタルト崩壊が起きて対象は意味を失う。人の手を動かさずに握り続けていると、次第になんだか得体のしれない物体に触れている感覚が残る。逆に運動の感覚からは生命を感じ取れる。

感覚が対話的「意味」の「記号」になるとき、つまり単に物理的な刺激としてではなく「意味」の媒体として機能するとき、第6章で母の遺体に触れることで娘が関係を回復した場面を思い出しても良い。感覚は生命の直観となる。他者の身体に触れたときには否応なく生命を感じ取ってしまうのである。感覚が「意味」の「記号」として感じられることは、（ともに歌ったり語ったりする）他の人が〈生きている〉という感覚と等しい。模倣の間接性が、生命の直接的直観を可能にしている。というのは模倣によって歌という「意味」の次元が自立したとき、これは生命の領域が自立することでもあるからだ。先ほど人間的な世界と呼んだ楽音の領域は、この生命の領域のことである

ただし、ここでの生命とは生物学的なものではなく、「生きていると感じられる」という「意味」の次元のものである。歌という「意味」の次元が独立したときに、循環的にその「意味」が生命として感じ取られるのである。「意味」が他者の触発において生じるがゆえに、生命は自己においてではなく他者において感じられる。ハイデガーが存在と関わる存在者を現存在（＝人間）と呼んだのにならえば、歌を媒介として自らと他者の生命を感じ取る存在が、ルソー的な人間の定義なのだ。歌とは他者の生命による触発である。そしてこのような〈他者の生命〉を通し、人間を物質的自然から区別する力が歌なのだ。歌の聞こえる世界とは他の人とともに私が生きている世界であり、対話的な「意味」の生成として私が個体化する世界なのである。

自然は歌には霊感を与えるが和音には与えない。自然なメロディーを聞き取らせたとして

も和声は与えない。色彩は生命のない存在の装いであり、どんな物質にも色彩がある。だが、音は運動があることを知らせ、声は感受性を持った存在 un être sensible がいることを知らせる。（『言語起源論』O.C., V 420 邦訳 196 改訳）

和声は人為的なもので自然から与えられたものではない。声と歌こそが自然から与えられた生命のしるしなのだ。

声は、私の他にも意味をもち生命を感じとる存在があることを告げる。声を聞き取るとき、否応なく他者の生を感じ取っている。「似た存在」として無媒介的に他者の生が感じられるときに私の個体化が起きる。私の個体化は、他者の生の直観と同じであり、他者の〈生〉が誕生することによって私が個体化する。

「歌」という変容は自然から出発しつつ自然から離脱するという初源的な変容である。歌の出現によって、〈心〉・世界・対人関係や「意味」といった人間にとっての本質的な存在領域を作り出してしまうような創造なのである。[13] ポリリズムはこの領域において展開する運動である。

さて、第9章では、歌が私たちの私秘的な〈心〉を作るという側面を強調する作家ジャン・ジュネを取り上げる。

13　以上の議論は前章の議論から分かる通り、聴覚障害をもつ人たちの歌の経験を排除するものではない。

第9章　独りになるための歌――ジャン・ジュネ

1　歌とは何か

メロディーは人とつながる力であるだけはない。独りになる力、自分が自分の場を手にする力でもある。そのことを考えるために、本章ではジャン・ジュネ（1910-1986）の小説、とくに『薔薇の奇跡』（1946）を取り上げる。

フランスの小説家ジュネは、生後すぐに母親によって捨てられ（父の身元は不明）、施設で育てられたのち養子先を脱走し窃盗などの犯罪によって施設と少年院、身元引受人のあいだを転々としながら育っている。泥棒を生業とし、処女作の詩と小説作品は主に刑務所のなかで書いている。

ジュネの文学は対人関係の喪失を前提とし、孤独の修復を目指すのではなく刑罰をもたらす犯罪を希求する。あるいはここでは犯罪と刑罰こそがジュネにとっての回復となる。このような孤立と犯罪を貫く力のことをジュネは「歌」と呼んでいる。ルソーが発見した「歌」は人と人をつなげる力であり「意味」という人間的な水準を開く力だった。ルソーにおいては他者と関係づけるがゆえに自分自身の存在を確かめる場面ともなった。これに対してジュネにとっての「歌」とは対人関係を絶たれた孤立のなかにあってなお自分自身を保つ力のことである。

歌は実在する未知の秩序をつくる

「私の〔作品〕構築のために使われることばは、コミュニケーションの力を失っている。」（ジュネ「断章」84/459）。言語は果たしてコミュニケーションの道具であろうか、ジャン・ジュネの小説群はこう問い直しているように思える。前章の主張とは逆向きの定義である。こうして孤立と〔周りの人からの排除をもたらす〕犯罪を寿ぐ歌という形式が要請される。

> 私は歌う。メトレー〔少年院〕を、私たちの牢獄を〔…〕。（ジュネ『薔薇の奇蹟』104 拙訳）

> もしも彼のことを、悪たれ、やくざ、悪党、ろくでなし、無頼漢、盗人、などと呼ぶことができたならば私の喜びはどんなに大きいだろう。〔…〕これらの名は歌うのである。（ジュネ『泥棒日記』183-184/244）

実際、ある行為、ある品物、ある生き物の美しさを測るのに、それが私に喚び起こす歌より他の基準を私は知りません。（ジュネ「犯罪少年」387/409）

孤立を歌う歌によってジュネは牢獄や犯罪、犯罪者といった、世界から排除され孤立した存在者を称揚し、美へと高める。独房で壁と向き合いながら処女作を書いたジュネにおいては、歌とは自分自身とつながることで思考の領域を確保する運動のことである。歌は孤立において居場所を作る。

ジュネの空想においては花が特権化されることになる。たとえば『薔薇の奇蹟』は、語り手である「私」が恋い焦がれたアルカモーヌが死刑台に向かう歩みのただなかで、薔薇の花が咲く場面から題をとっている。歌の本質を明かす場面なので少し長いが引用する。

アルカモーヌが「私に顕現していた」。〔…〕彼はベルトをしていなかった。彼は靴下を履いていなかった。彼の頭から――あるいは私の頭から飛行機の音が聞こえていた。私は血管全てで奇蹟が起こりつつあることを感じていた。聖性の重みで生じた私たちの讃嘆の熱が彼の拳を締め付ける鎖にのしかかっていたが、〔…〕この熱のせいで、鎖が私たちの目の前で当然のように白いバラの花輪に変容したのだった。変容は左手首から始まり、花のブレスレットで包んだ。変容は鎖に沿って続き、一鎖ごとに右の手首に達した。アルカモーヌはこの奇蹟には気を留めずに歩み続けていた。刑吏も何も異変を認めなかった。このとき、私ははさみを持っていた。毎月順番に手足の爪を切るために許されるのだった。〔…〕私は二歩あゆみでた。はさみを手に前かがみになり、左の拳のそばに咲いている、しなやかな茎から下がったもっとも美しい薔薇を切り取った。薔薇の頭が私の素足の上に落ち、舗石の上で、刈られた汚い髪の束のあいだを転がった。（ジュネ『薔薇の奇蹟』24-25拙訳）

頭のなかに響く軍用機の轟音が、静まりかえり時間が停止した奇蹟の場を際だたせる。無限に止まった瞬間のなかでアルカモーヌに咲く薔薇を一輪ジュネは切り取る（もちろん現実には二人は遠くにあり、言葉を交わすことも触れることもない。お互いが孤立したなかで、出会いが生まれる）。歌とはまず死刑囚の鎖が薔薇の花へと変容するような反転の場であると言える。死と孤立という耐えがたい現実は、薔薇のイマージュにおいて思考可能なものになる。

私がサンテ刑務所でものを書きはじめたとき、それは決して私のさまざまな感動をもう一度生きるためでも、また、それらを人に伝達するためでもなく、感動によって強制された感動についての表現でもって（初めは私にとっても）未知の、ひとつの（精神のmoral）秩序を組み立てるためだったのだ。（ジュネ『泥棒日記』193/257改訳）

（作品のなかでの身ぶりにすぎないにせよ）作品産出は伝達を目的とはしていない。自分一人のために意味を持つ世界を創造することが、歌の目的である。ジュネの空想が「繊細さの建築的総体」（ジュネ『泥棒日記』197/262）たる未知の秩序に到達するときに歌となる。イマージュは言語の手前で共有される「意味」であることをやめ、言葉になったことがない死刑の触発をジュネ独りのためにイマージュへと置き換えることとなのだ。アルモーヌの目には見えない白いバラは、アルモーヌを個別化し祝福する〈身体の余白〉である。この〈身体の余白〉は死のことでもあるのだが、これがジュネにおいては歌へと置き換えられるのだ。歌が自然を模倣するときには人と人を結びつけるが人と人のずれの核である〈身体の余白〉を歌うと孤独な夢想になる。

現実の反転によって創られた「この愛の書だけが実在」となる（ジュネ『泥棒日記』113/147）。作品が実世界を反映するのではなく、歌われた孤独な空想世界こそが実在なのである。作品＝歌は新しい世界を切り開く〈窓〉である。そして歌より前に、犯罪こそが世界を創造する。（「藪の中」においてもそうであったように）犯罪を起点として世界全体が生成することになる。あるいは犯罪こそがたぐいまれな歌でもある。

短剣のたった一突きによって一つの奇蹟を産出するという恵みが、群衆を驚かし、警告し、興奮させ、そのような栄光に嫉妬させる。殺し屋は血に語らしめる。彼は血と語らい、奇蹟と和解しようとする。殺し屋は、法廷やその装置を創造する。（ジュネ『薔薇の奇蹟』130 拙訳）

〔強盗の瞬間〕私はその住居の所有者のことを別に思うわけではないが、私のもろもろの動作が、彼を知ってゆくにつれて、彼を私に描き出すのである。〔…〕私は不在の所有者を再創造する。彼は私の面前にではなく、私の周囲に生きている。それは私が呼吸し、私のなかに入り込み、私の肺をふくらませる一つの流動体なのだ。（ジュネ『泥棒日記』174/232-233）

白昼の殺人は、殺人に動揺する周囲の世界を作り出し、司法組織までをも産出する。空き巣の身体は、その繊細な身振りを通してそれ以前には潜在性に過ぎなかったような住人の生活連関を、〈住人にとっては〈身体の余白〉である〉住人の不在において克明に浮かび上がらせる。どちらの場合も、コミュニケーションを取ることなく孤立した人々が、泥棒という同じく孤立した人物を通して〈新しい世界〉のなかで生まれなおす。犯罪を作品へと止揚する作家＝犯罪者は世界を反映するのではなく、その犯罪によって彼一人のために世界を作り出すのである。

詩人を触発する存在し得ない現実

ここで**現実 le réel** の水準と**実在 la réalité** の水準を区別する必要がある。先ほどの引用でも「感動によって強制された」と言われているとおり、歌という実在の世界を産出するのは、詩人を触発する犯罪をめぐる現実があるからである。言うまでもなく、ジュネにとっての現実とは、強盗・売春・乞食・収監・死刑といった聖なる saint 行為と、それにともなう侮辱・屈辱・苦痛・性的快楽といった情動だ。

現実と詩の世界を媒介するのが作者ジュネと小説の語り手「私」の重なりとずれである。『薔薇の奇蹟』では「ジュネ」という固有名を作品内に登場させることで、ジュネを触発した現実が、偽装された自伝という実在へと変容している。牢獄への愛と死刑の栄光を歌った『薔薇の奇蹟』の執筆はナチス占領下のパリの刑務所で行われたが、当時のジュネは、現実には強制収容所へ送還されるのではないかという恐怖から、一刻も早い出獄を企てていた。しかし小説では少年院と刑務所こそが、慕うべき母なる居場所として描かれる。現実の恐怖と不安の緊張感が、死を称揚するこの作品の静かで柔らかい美の実在の背景をなす。現実は作家を恐怖に陥れるが、詩世界では変容されて実在となる。不安は美へと変容することで、居住可能な〈新しい世界〉のイマージュが生まれる。

現実には、作品として名前をつけられ歌われる手前に無垢の状態があることになる（「恥ずかしさと感情への無知ゆえに名前をつけることがない〔少年院時代〕」『薔薇の奇蹟』97）。非行少年や犯罪者が創造する現実があり、それは語ることを許されないし社会のなかに生じることも許されない、耐え難い情動をともなう現実であった。それを詩として救済することが初期のジュネの賭けだったのである。犯罪が創造する現実を言葉によって実在化するのは、反転を必要条件とする。屈辱や犯罪が創り出す存在する場を与えられない非場所、これが孤独な歌の産出を触発する現実である。このような非場所の極に殺人と死刑が横たわる。言い換えよう。歌は単に生の動きを内側からイマージュにすることでつながりを生み出す営みであるだけでなく、生を脅かす現実（非場所・身体の余白）を反転して孤立した生そのものを産出する営みでもあるのだ。

存在してはいけないはずの現実は、歌において実在化する。ところがひとたび歌として実在してしまうと、もとの現実はまたもや存在を失うことになる。プルーストの登場人物たちが記憶と名においてのみ実在したように、ジュネの愛人たちは不在ゆえに詩のなかに実在する。犯罪や汚辱といった秩序のなかに場を持ちえない現実に対して名前を与えること、名を通して未知の実在の秩序を作り出すこと、これが歌という孤独な「意味」生成の形式的な枠組みである。

2　歌の条件

母の欠損と創造性の支え

歌という創造が成立するためにはいくつかの条件がある。そのひとつは牢獄という場である。サルトルの評伝『聖ジュネ』（1952）の公刊によってジュネがスランプに陥って数年間執筆が不可能になったことはよく知られているが、じつはそれ以前に、出獄後に執筆した『泥棒日記』（1949）においてもすでに「私はもう何も書きたくない。私は〈文学〈文字〉Lettre〉と決別する。」と書いている（ジュネ『泥棒日記』122/161）。エドマンド・ホワイトの伝記によると、小説第一作『花のノートルダム』(1943) と第二作『薔薇の奇蹟』はほぼ全体が牢獄で書かれ、出獄すると創作力を失ったという (ホワイト『ジュネ伝』上 205)。書くべき伝記的な材料が尽きただけではなく、牢獄という孤立のなかでの (不在の登場人物たちとの) 対話の場を失った彼は、書く行為そのものの支えを失ったのだと考えられる。ホワイトは反復されるこの弱気がポーズだけのものだと見ているが、むしろこれはジュネの本心であるように思える。ジュネの生涯には創作の空白期間が幾度かあり、かつその空白期間ごとに小説から戯曲へ、戯曲からルポルタージュへと表現形式を変えたという事実が、表現 (実在の産出) をぎりぎりで成り立たせている脆弱な基盤のもとにジュネの創造性が成立していたことの顕われだと思われるのである。

ウィニコットは母子関係・養育関係の安定が、遊びや学習といった創造性の発現にとって不可欠の条件であることを示した。養育者が不在の場合、子どもは強い不安に襲われ、遊ぶことができなくなる。養育者が見守るもとで独り遊びができるようになったのちに、養育者を内在化することで本当に独りになることができる。子ども時代の安定した対人関係を内在化することが、その後の創造性の支えとなる。

ところで生後すぐに母親によって捨てられ、孤児院で育てられ、養子先で甘やかされていたにもかかわらず嫡子への妬みから盗癖が生じた少年ジュネにおいては (ホワイト『ジュネ伝』上 50)、〈養子=実母の不在〉という条件が触発し続けている。創造性の条件としての「内在化された母子関係」は彼にとって経験された母子関係ではなく、独房という居場所が具体化する母の欠損のイマージュに他ならない（「独房において、私は本当に、動悸を打つ母の胸と再会し、そして母とのあいだで真の対話を行うことができたのだった」『薔薇の奇蹟』254-255）。顔もわからない不在の母親の代理としての少年院と刑務所の独房の孤独が、初期の創造性を支える条件として定位される。ここでは愛着の欠損という現実が、通常とは逆に創造性を支える。孤立（を制度化した少年院の壁）が母子関係の代わりとなる。ジュネの詩作は犯罪という現実の非場所を実在化するだけでなく、現実の母の不在を意味する居場所（刑務所）によって虚空に支えられている。日本でも養子に出された漱石や芥川がそうであるように、ジュネに限らず多くの偉大な芸術家においては、本来創造性を支えるはずの構造に欠損やゆがみを抱えている。しかしそれゆえに創造性を喪失するのではなく、逆に芸術的創造性そのものの条件へと反転している。つながりの力としての歌は、孤立において磨かれるときに芸術的な創造へと反転するのかもしれない。

法治国家と母国語——非場所の条件

創造性の成立には犯罪の他にも社会的条件がある。ひとつは犯罪や刑罰という行為の前提となる母国であり、もうひとつは詩が成立するための母国語である。

ジュネの場合は規範の侵犯において創造性が可能になるがゆえに規範が必要とされる。非場所を創造するためにはあらかじめ場所が必要なのである。

そして事実、盗み――そしてそれに関連するもの、つまり、監獄の苦痛、泥棒という稼業に付随する恥辱は、一つの利を目的としない事業、芸術作品のごときもの、能動的であると同時に思考されたものであり、その成就には言語、私自身の言語〔であるフランス語〕の助けを借りなければならず、またそれと同じ言語から生じたもろもろの法律と絶えず対置されるべきものである、事業となったのだった。もしそのまま外国にいたとすれば、私はただ多少とも巧妙な部類に入る泥棒の一人に過ぎなかっただろう。（ジュネ『泥棒日記』128/168）

歌へと実在化される以前の現実の行為それ自体も芸術でなくてはいけない。犯罪＝芸術とは、未知の秩序を産出する運動であり、既存の規範秩序からの逸脱である。そのために、侵される法の存在が前提とされ、ジュネは諸国を放浪した末にフランスに帰国するのである。すでに国家そのものが犯罪であるナチス・ドイツにおいては、泥棒が逸脱（＝創造）として成立し得ない（ジュネ『泥棒日記』138-139/183）。さきほど、犯罪が新たに世界の秩序を生成すると書いたが、ここには解釈学的な条件があり、犯罪は法の秩序を前提とする。

さらにジュネは母国フランスにおける犯罪を必要とする。まずそれ自体芸術である犯罪は「思考された」営みでもあるから、思考の媒体である母国語を必要とする。行為が歌へと変換されるための媒体として、母国語による思考が必要になる。加えて裏切りこそが逸脱の精髄であるとしても、自らが属している共同体からの逸脱でないかぎり裏切りとはいえない。ジュネはアラビア語をはじめとする数ヶ国語を操ったが、自らが根ざす母国語によって語るときにのみ、犯罪の歌は生まれるのである（「あるいは私は自分の国の言葉で自分の罪を告げたいと思ったのかもしれない。」『泥棒日記』128/168）。

フロイト『機知』『日常生活の精神病理学』とラカン「無意識の形成物」『セミネール第5巻』を参照するならば、母国語と社会規範を前提とするときにのみ、そこから逸脱する欲望が「いい間違い」「言いよどみ」「メタファー」となる。規範的秩序からの逸脱こそが、無意識の欲望を示しメタファーという未知の秩序の創造を支える。ジュネもまた言い間違えこそが詩作を可能にすることを正確に述べている。

文中の言い間違いがある言葉を他の言葉と置き換えることで、突然私たち自身について照らし出す。この出会い損ねられた言葉は詩が湧き出る手段であり、文に香りを与える。〔…〕間違いがときには詩を出現させる〔…〕。（ジュネ『薔薇の奇蹟』59）

歌が語る犯罪や苦痛も存在のなかに場を持ち得ないが、犯罪という規範からの逸脱という新たな世界の創造も、詩という言語慣習からの逸脱も同じ運動で成り立っている。法と母国語は創造の条件なのである。

3　歌――二人になることで独りになる技術

歌の結晶化と情動の消去

先ほどの引用で、鎖につながれたアルカモーヌは薔薇の花を咲かせた。死刑は聖性へと反転する。犯罪や裏切りも同様にその卑劣さ故に高貴なものへと反転する。

　私が犯した〔仲間に対する〕泥棒は、アリカンテから来る道中のあいだに、私がそれに対して戦わねばならなかった抵抗のおかげで、後悔と人が呼ぶものを消滅させるために私がそれに対して作動させなくてはいけなかったものの力のおかげで、私の眼に、非常に固い、非常に純粋な、ほとんど光り輝くような行為、ただダイヤモンドだけがそれを表すことの出来る行為と映るようになっていた。それを遂行することによって、私はまたもや――そして、今度こそは決定的に、と私は心のなかで思った貴重な友愛の紐帯を断ち切ったのだった。（ジュネ『泥棒日記』91/118）

死刑への不安という弱さが薔薇へと反転したように、裏切りは裏切りへの後悔を打ち消す力ゆえにダイヤモンドへと反転する。不安や後悔そのものが聖性なのではなく切断を力づくで孤独な歌へと反転するがゆえに聖性となる。物乞いの屈辱や妬みも、それを攻撃的な怒りとして表現するのではなく、攻撃性を消した美へと反転することで文学的な昇華が可能になる。実生活でのジュネは情動の起伏が非常に激しい人物であったようだが、作品のなかでは冷静な盗みの優美さによって情動に斜線が引かれることで美が生まれている。

情動の消去において行為は薔薇やダイヤモンドのように歌へと結晶化する。これは社会に場を持てない現実へと実在化する知の過程であり、存在しえないものに実在を与える「名付け」という言語活動でもある。

> 詩は、彼の泥棒という身分への最も深い意識にあるのだ。もちろん泥棒以外のいかなる身分の場合でも、あなたに名称を与えるほどに本質的になることができる自覚ならば、それもまた同様に詩であろう。（ジュネ『泥棒日記』277/374）

別離や裏切りにともなう耐え難い情動を消去することで、現実は詩として結晶化する。この結晶化において花が出現するのである。『花のノートルダム』や『泥棒日記』では薔薇だけでなく、菫、藤、桜草、カーネーション、ひな菊といったさまざまな花が、メタファーあるいは実際の花として咲き乱れるが、『薔薇の奇蹟』の場合は薔薇が要所で禁欲的に使われる。冒頭で引用した奇蹟の場面と、作品末尾の死刑執行の場面で最も鮮やかな仕方で薔薇が登場するのだが、この禁欲が逆に、詩作の結晶化の核に薔薇が咲く必然性を示している。薔薇は死と直結する位置にたち、死が受け入れがたい現実の核であるがゆえに薔薇という奇蹟は特権的な位置に立つ。ジュネは力づくで耐えがたい情動に斜線を引くことで創造の場を確保している。

そもそも歌だけでなく、犯罪や刑罰といった現実水準の行為そのものが、大きな力を必要とする。先ほど、盗みが怒りの消去を媒介する装置であることが明らかになったが、そのような盗みもまた大きな力を必要とする。それゆえジュネは「ものを盗むという行為は、努力なしでは得られない一つの道徳的態度を必然ならしめるから、それは一つの英雄的な行為なのだ」と語っている（ジュネ『泥棒日記』253/340）。歌も犯罪行為も情動を打ち消す逆向きの斥力を必要とする（ジュネ『薔薇の奇蹟』47）。激しい情動を、文体の力によって消去しているがゆえに、ジュネの小説は猥雑で激しい言葉遣いにもかかわらず奇妙な静寂が支配することになる。

この〈切断にともなう情動を消去する斥力〉に名付けられた名前が「愛」である。ジュネにとって愛は情動の一種ではない。情動を消去する切断の働きである。「愛」という語を添えることで、（対人関係の切断をともなう）屈辱や怒りという情動語も、その荒々しい力を剥奪されるのである。「愛」の対象である限りにおいて、愛人の苦痛や汚辱、そして彼を裏切ったジュネの汚辱も美へと反転しうる。孤立を歌へと反転するのが「愛」なのだ。「愛」のおかげで、ねたみや恨みのない晴れやかな犯罪と詩作とが可能になる。美あるいは道徳とは、情動と対人関係をしりぞける「愛」の痕跡なのである。愛という口にするのもはばかられる語が、卑語とともにあらゆるページに繁茂するジュネの異様な文章において、この語が今初めて発明されたかのような効果を持つのは、このような力動を背景に持つからである。

孤独と死の手前

愛は通常対人関係に関わる。ジュネの歌も愛する者について語る。歌は牢獄という欠損した母子関係のもとで、不在の愛する対象への裏切りについて語り、母国語の総体という不可視の大他者を基盤としつつそれを裏切り、出版の見込みがないため存在するかどうかわからない読者という不在の他者へ向けて歌われる。しかしここに登場する他者はすべて非存在である。愛とは対人関係の切断を歌へと反転することだ。詩作は対人関係を形式的条件とする「意味」生成であるのにもかかわらず、ジュネの場合は対人関係を切り落としていくためにどこまでも独りになる行為である。ただの孤独ではなく二者関係の追求がそのまま孤立にいたり、そのときに歌が生じる。

歌われる愛人たちの多くは死者あるいは失われた者である。情動を消去する力であるがゆえに、愛は人間関係の切断を肯定する。こうして死者の復活は婚礼として儀礼化される。死者との婚礼には様々なバリエーションがあるが、いずれの場合も不可能な二者関係が孤独を生む。愛は人間関係の切断に由来する情動を消去する力でありかつ消去の痕根であるがゆえに、二人になればなるほど独りにするのである。そもそもここでは相手が生きているのか死んでいるのかという区別はほとんど意味を持っていない。目の前に相手がいても、愛という切断の力によってお互い孤立してゆくからである。他者を希求することが関係を切断することでもあるような愛ゆえに、詩人は孤立を肯定することになる。

監獄のなかでの私は完全に孤独だった。〔…〕夜、私は自分を遺棄の流れに押し流されるままに任せた。（ジュネ『泥棒日記』123/161-162）

〔殺人を犯した〕クレルとジルとの道徳的な孤独には、さらに芸術家の孤独が加わっていた。芸術家は、たとえ自分以外のほかの芸術家のもとを探しても、いかなる権威も見出すことができないのである。（ジュネ『ブレストの乱暴者』316/207）

われわれの関係は破れて、性倒錯は孤独の裡に生きられる。（ジュネ「断章」77-78/454）

犯罪も詩作も、社会秩序という紐帯から逸脱するので孤立化する。さらに遺棄された単独者である詩人や性的マイノリティは、（死者に取り囲まれるがゆえに）創造性を支えるはずの二者関係からも逃れる。対人関係の切断に伴う情動を消去する愛は、社会からの逸脱と人間関係の切断を肯定する。愛において二人であろうとすればするほど歌の結晶化のなかで歌い手は独りへと純化する。独りであることは、二者関係の純粋状態として見出される。生者との関係も情動という夾雑物を取り除くと孤独が残る。他者を希求することは最終的には切断においても希求することであるがゆえに、あらゆる二者関係はその核においては孤立なのである。ここでは間主観性の極限形の一つが発見されている。歌とは不在の他者との純粋な関係の痕跡である。

それゆえにこそ歌が尽きる地点には自死がある。実生活上もジュネは愛人を自死で亡くし、本人も自死を企てる。ジュネが死について多く語り、『死』という題で大部の作品を計画していたことも知られているが、しかし死は歌が尽きる極点であるから、実際に彼の歌が成立する場は死そのものではない。二者関係の果てで独りになり、死の手前のぎりぎりの点で立ち止まったときにだけ歌は生まれる。歌が生まれる場とは、（対人関係の切断の地点であるとともに）死の手前で生と死の区別が無効になるような地点でもある。「私は死と生のあいだで宙吊りのまま佇んでいる」のである（ジュネ「断章」85/459）。

ルソーは人間の自然状態は孤立であり、愛の歌において人と人がつながれると論じた。ジュネは一見すると真逆の主張をしているかに見える。しかし私自身はこれを対立としては見ていない。最後にそれを確認したい。

孤立のなかでのつながりとしての歌

二人のつながりの果てで孤立するときに歌が生まれるとともに、歌において孤立のなかでのつながりが生じる。作品全体が「歌」であるような『薔薇の奇跡』のなかで、実際の歌が登場する場面を引用しよう。

何日か前、ディヴェールが歌っていた。〔…〕おそらくアルカモーヌははるか遠くで〔ディヴェールが歌う〕「ラモナ」とそして少し震えた声を認めただろう。この〔ディヴェールの〕苦痛に満ちた声、これは彼の硬さから深い柔らかさがもれ出る裂け目である。彼はくだらない歌を歌う。はじめ私は、彼の声が刑務所の中庭に醜い歌をもちこむのを聞くのが苦痛だった。しかし次第に、歌に声そのものの美しさが共鳴せざるを得なくなった。そして私が自分で口ずさむときにもその歌は私を揺さぶった。アルカモーヌはというと、彼は決して歌うことがない。（ジュネ『薔薇の奇蹟』173）

ディヴェールは、戦前のアメリカ映画『ラモナ』で女優ドロレス・デル・リオが歌ったノスタルジックなワルツを歌う。同じ歌をジュネも独房でつぶやいてみる。死刑を待つアルカモーヌにも聞こえていたはずであるが、ジュネはアルカモーヌの声を聞くことができない。かすかに聞こえるディヴェールの声がジュネの体に浸透したとき、同じ声を聞いたはずのアルカモーヌと声を通してつながるとともに二人とも孤立する。歌を介して、孤立のなかでの不在の誰かとのつながりが生じる。独りでありながら誰かとともにいることになる。古代社会において歌は共同体の創設と死者との交流にかかわったであろう。しかしジュネによると、独りで口ずさむとき、歌はその機能を変質している。歌はコミュニケーションとしての言語から離脱する。歌は切断の起源にある〈身体の余白〉を結晶化する技術、二人になることを純化した果てで独りになる技術、あるいは孤独のなかで不在の誰かとつながる技術、情動を打ち消して美へと変換する技術、このようにしてようやく生者と死者がつながる技術となるのである。現実の対人関係が全て断たれてしまったときに、それでもなお自分の存在を支えてくれる居場所なのだ。歌うディヴェールの「深い柔らかさ」はディヴェール自身には見えない〈身体の余白〉、つまり周りの人との切断の徴しである。しかし「深い柔らかさ」が歌へと変容したときに孤独のなかで不在の誰かと出会う技術となるのだ。ジュネにおいて歌は切断を反転する奇妙な〈変化の支点〉となるのだ。私たちは常に人とつながり続けていられるわけではない。独りの思考のなかに閉じこもることが誰でもときには必要である。メロディーにおいて自分自身を確保することは個体化の極点を示すのだ。

『薔薇の奇蹟』の引用については論者が翻訳しフォリオ判の頁数のみを挙げた。他のジュネ作品は既存の翻訳を参照し、原文と翻訳の頁数を順に挙げた。ただし断らずに訳文を変更した箇所がある。原文に関して『薔薇の奇蹟』と『泥棒日記』はフォリオ版、「アダム・ミロワール」と「断章」は単行本の *Fragments... et autres textes*、他の作品は仏語全集版の頁数を挙げている。翻訳については最新の版を参照した（文庫および『アルベルト・ジャコメッティのアトリエ』）。

第Ⅳ部　ポリリズムの哲学

第10章　現象学をベルクソン化する――現象学的な質的研究（ＰＱＲ）の方法

1　現象学的な質的研究（ＰＱＲ）とリズム

動的現象学

本書を締めくくる第Ⅳ部ではあらためて哲学の問いとして、ポリリズムを論じる。第10章では、ポリリズムを見出すことになる現象学の方法論を明らかにする。第11章では流れるリズムではなく、リズムそのものの発生、言うなれば縦のリズムを論じる。つまりリズムの発生論である。

私が普段行っている看護や子育て支援の分析は、**現象学的な質的研究**（Phenomenological Qualitative Research：以後**ＰＱＲ**）と呼ばれる（第5章がその実例だ）。援助職の実践は刻一刻と変化する状況へと応答するものである。短期的なスパンで場面の劇的な変化があり、中期的には患者や当事者をめぐるケアがチーム全体で変化していき、あるいは家族関係が一変し、長期的なスパンでも自身の生育歴や実践の経験を踏まえて実践のスタイルが変化していく。私たちは、この動的なスタイルの記述を目指している。あるいは患者は、病や老いという生理学的な衰弱のプロセスと呼応する仕方で、生活を紡ぎ出し、願望を実現し、対人関係を組み替えていく。これらはすべて変化していく経験のプロセスであり、固有のリズムをもつ。ＰＱＲは、変化していく経験や実践の構造をそのダイナミズムの内側から記述することを目的とすることになる。

実は創設者であるフッサール（1859-1938）を始めとする古典的な現象学は、（発生的な現象学においても）ある時点ですでにできあがった認識の成り立ちを示す層構造を探求する。つまりフッサールは刻一刻と動的に変化していく事象の変化に焦点を当ててはいなかった。他方で、フッサールと同時期に、フランスの哲学者ベルクソン（1859-1941）は、変化する事象の変化そのもの、流れる運動そのものを探求していた。ベルクソンは『物質と記憶』や『創造的進化』といった著作で知られ、意識の「持続」や「生命の跳躍（エラン・ヴィタル）」といった用語で、連続性を内側から直観する方法を追求した。

とはいえ現象学とベルクソンは、事象の運動の内側に視点を置くがゆえにもともと親近性がある。それゆえベルクソンがもつダイナミズムを現象学に取り入れることで、あるいは現象学をベルクソン化することで、現象学はたえず変化する動的な事象を扱う学問としての基礎を手に入れる。変化してゆく事象の現象学は、ＰＱＲにおいてすでに実行されていたものであるが、ベルクソンを導入することでその理論的な裏付けを得る。変化を内側から感じ取り、変化の形を見て取ることの意味、これがベルクソンに依拠することで現象学が手に入れる力だ。

予測不可能で創造的な変化を記述する

PQRは、たとえば知覚一般の本質構造といったような認知機能の「本質」を扱うわけではない。そうではなく初期ハイデガーが事実性と呼んだような、一回限りの生の意味を問う、つまり経験の質的な側面に関わる。このことはPQRの対象は、常に個別的で予見できない変化をするということでもある。ベルクソンから見たときには、そもそも私たちの経験が生命の一部であるということに由来する。

つまり物質は惰性であり、幾何学であり、必然でありあります。ところが、生命とともに予見のできない自由な運動が出現します。生物は選択をするのです。あるいは選択しようとするのである。生物の役割は創造することです。生物以外のすべてが決定されている世界の中で、生物のまわりを未決定のゾーンが取り巻いています。(ベルクソン『精神のエネルギー』12-13/16)

「未決定」性が生(精神)を特徴づけるという発想はもともと『物質と記憶』で登場したものである(ベルクソン『物質と記憶』24/26-27)。人間においては状況、経験、実践は予測不可能な未決定のものとして登場する。たしかに生命は輪郭のはっきりした物質世界と交差し、そこで生を営むわけだが、物質世界への応答は未規定的であり、創造的な自由の幅を持つ。運動と未決定性は裏表の関係にある。そしてPQRは、フッサールが主題とした知覚や想起の本質構造といった固定したものを扱うわけではない。常に予測し得ない方向へ開いている経験や行為について語る点でむしろベルクソンに近い。病を持つ臓器や医療機械・医療制度や規範といった規定可能な事象に根差しつつ、そして知覚や想起や注意といった認識機能を使いつつも、偶然の出来事に翻弄される行為は未規定的であり予測不可能でもある。PQRが扱うのは、自然現象の因果関係とも意識の動機づけ連関とも区別される、経験の予測不可能な展開だ。

ポリリズム

経験は「持続」する。持続とは経験の内的な連続性であって、数値化されたり客観的に捉えられたりすることがない流れである。そして持続はその質が絶えず変化していくものである（等質なものは数値化されうる客観化されたものだ）。その変化ゆえに経験はリズムを持つ。

持続を表現するために、ベルクソンはメロディーという比喩を好んで使う（ただし生というメロディーはあらかじめ楽譜が決まっていない。フリージャズと同じように即興的で予測不可能な展開をするであろう）。第Ⅲ部で見たようにメロディーは生を貫きながら、人とのつながりの紐帯ともなるし、私秘的な個体化の力ともなる。

ところでPQRも、医療実践の場面場面に働く特徴的な時間を数多く記述してきた。病から段々と回復していくときも、衰弱していくときも、看取りに向けて人生全体が折りたたまれるときも、たしかにベルクソンが言うとおり分割不可能な時間経験であるが（しかし「急に具合が悪くなる」ことはあり、経過は不連続的でありうる：宮野・磯野 2019）、実践現場を貫く流れは、複雑な拍節ゆえにメロディーというよりも複雑なポリリズムである。メロディーの連続性は医療福祉現場では背景に退く（例外は第5章で登場したバンドだろう）。実は処女作『意識に与えられたものについての試論』（以下『試論』）の冒頭でベルクソンは、のちに持続と呼ぶことになるものをリズムと呼んで、ダンスや絵画、建築など芸術を横断的に論じている。

すなわち、リズムと拍子のおかげでダンサーの運動がより良く予見されるために、今度はわれわれ自身がその運動の主であるような気がしてくる。〔…〕リズムの規則性は彼とわれわれのあいだにある種の交流関係〔コミュニケーション〕をうち立て、拍子の周期的回帰はというと、その各々が、われわれによって操られる架空の人形の一本の見えない糸のごときものなのだ。（ベルクソン『試論』9/23）

リズムは、動きの持続の展開可能性（予見可能性）と対人間の共有に関わっているのだ。ただしこの処女作での予見可能性は、のちの著作では予見不可能性へと見解が改まっていく。

ベルクソンはリズムに連続的で「優美な」流れを見てとったが、私たちが実際に経験するのは、複雑に折り重なる多くのリズムである。つまり一本の直線ではないのである。生のメロディーという比喩を使うことができるとしても、生にはさまざまな文脈のリズムがからみあう。複数の異なるスピードの流れが交差するのだ。そして実はベルクソン自身も持続が単線的なものだとは考えていない。

実際には、持続には唯一のリズムしか存在しないわけではないのだ。われわれは数多くの異なるリズムを想像できる。ゆっくりか速いかに応じて、これらのリズムは、さまざまな意識の緊張度ないし弛緩度を示す尺度になるものであろうし、またこのことから諸存在の系列におけるそれらの意識それぞれの位置を定めるものであろう。(ベルクソン『物質と記憶』232/300)

PQRが扱う経験の時間構造は、過去と未来がシンメトリーになった単一の形式構造ではありえない。経験の時間は、複雑なリズムが織りなす可変体である。動機づけ連関(フッサール)から予測不可能性(ベルクソン)への移行は、内的時間意識の単一の構造(フッサール)から、行為する生がはらむ複数のリズムのからみあい(ベルクソン=PQR)への移行でもある。そして一つひとつのリズムが異なる構造を持つがゆえに、ベルクソン化した現象学は異質な時間構造が絡み合う複雑な布置を分析することになる。

序章で引用したがん看護の場面を再度引用してみたい。この場面では、複数の異質なリズムが明示される。

〔手に持ったペットボトルをインタビュアーに見せながら〕この重みがでてきて、足の重みもあるんだけど、この重みがまず勝ってる。で、**だんだん**自分で買いに行くことが出来なくなるっていうような、その、毎日毎日それをお話してくださるんですね。なので、〔…〕そういうお話をし始めた方っていうのは、必ずお話ししたい方なんですよ。はい。**じっくりじっくり**聴いていくと。そういうできなくほんとに毎日少しずつできなくなるっていうご経験をしていくなかで、**どんどんどんどん**死っていうのが近づいてくる、自分に。…だからその怖さがあるんですね。自分のことが出来なくなるっていう怖さもあるんですけど、それと同時に死も**どんどん**近づいてくるっていう怖さがあって、自分自身ができることは**だんだん**奪われていくって、奪われていくっていうお話をしながら、死についてのお話をされる方が多い…ですね。（村上『摘便とお花見』224）

看護師が「じっくりじっくり」聴くなかで、体が「だんだん」と衰えることが内側から感じられ、「どんどん」どこからか死が近づいてくる。

ここで経験されている「時間」は、把持や予持といった、フッサールの語彙で記述することは不可能な時間である。人間にとっての具体的な時間とは、まさにこのような「だんだん」や「どんどんどんどん」という異質なリズムとして生きられるものであろう（ベルクソンの影響を受けたフランスの精神医学者ミンコフスキーはこれを「生きられた時間」と呼んだ）。それ以外のどこかに具体的な時間経験があるわけではない。

衰弱と死

ＰＱＲは、状況が変化するダイナミズムを捉える。たとえば家族のあいだの葛藤が膠着（こうちゃく）している場面において、看護師の関わりによってリズムが変化し葛藤が解ける場面は少なくない。ある場面での「だんだん」や「どんどん」といったリズムが、そのつどの瞬間を貫くミクロな時間だとすると、状況が劇的に変化する場面のリズムは、メゾな水準の時間である。この水準で変化の触媒としての看護師や、変化のスイッチとなる事象、変化が起きる好機をとらえる変化のタイミングといった時間経験を記述できる（第Ⅱ部参照）。そしてマクロには実践のスキルの変化に伴って二〇年前の経験の意味が書き換えられるような場合、あるいは二〇年前の失敗が今でもとりつき続ける場合がある（西村 2016）。ミクロからマクロまで複数の流れがあり、それぞれが異なるリズムをもつ。これらはそのつど多様な姿を持った時間であり、フッサール的な内的時間意識の把持と予持、再想起と予測といった形式構造では描くことができない。

ＰＱＲによって捉えられる多層のリズムは、老いや衰弱が持つ生理的なプロセスを背景に持つ。老いも死も、それ自体としては意識することができない生理的なプロセスである。本来現象学は意識に現出可能な現象を扱うのだから、生理的プロセスは対象外なのだが、医療現場において老いや衰弱を無視することはできないし、老いや衰弱が間接的な仕方で経験されるのは確かだ。医療行為は自然科学的な因果関係・相関関係に依拠しているが、私が研究している看護ケアは、医療の論理とのせめぎあいのなかで成立する非因果的な経験である。経験の多様なリズムは、衰弱と死という直接は意識に上らないリズムの上に載っている。看取りの経験も、動けなくなり腹水がたまり、心臓が止まって体が冷えていくという生理的な変化を前提としながらも、回復をめぐるケアも衰弱への抵抗という形をとる。この点で生理的な老いを物質の側へ生命が書き込まれる帳簿として議論に組み込んで、生のリズムとの対比を論じたベルクソンの『創造的進化』は、現象学に必要な理論的な拡張をもたらしてくれる。

「何かが生きているところには、どこかで時間が記入される帳簿が開かれている」（ベルクソン『創造的進化』16/37）。意識の外側の生理的なものは衰弱や死の経験といった形で現象学に登場する（先ほどの例では「だんだん」や「どんどん」と遺体が冷えていく過程として登場した）。田辺元は「死の哲学」を「分析論」ではなく「弁証論」として構想した。その言わんとする所は、経験を超越する「死」を基点として生をも眺める観点である。しかし、衰弱と看取りを基準とするときには、超越したものとその手前にある経験とのあわいで、現象学にも記述可能な範囲内で議論をすることができる。このような議論の条件となっているのが、生理的なプロセスを経験される衰弱と並置する認識論的な枠組みである。

2　イマージュと現象

現象は目に見えない

変化するのは状況であり、状況の受け止め方であり、状況へと応答する実践のスタイルである。これらは因果法則に支配される事物ではない。偶然の変化自体が出来事であり現象である。あるいは変化そのものこそが状況である。ベルクソン化した現象学は、変化をその変化において捉えようとする動的な知となる。しかしその変化は目に見えない。看護実践の構えの変化、患者の衰弱や回復、状況の思いがけない変化は、目に見える事物ではない。

次の場面では、突然の病で救急搬送された男性が意識不明のまま、二ヶ月間入院し看取りに向かう。別れの儀式というよりは、むしろ病のために突然切断された妻との関係をつなぎなおすという仕方で状況が変化する。

比田井　くも膜下出血で、「今は手術ができないから、ちょっと待機」って言って、一般病棟のほうに入った患者さんがいたんです。その方は、地方からこちらに出稼ぎに来られていて、ご家族は地方にいらっしゃって。〔…〕

その方の奥さんが、たまたま私が夜ラウンドというか、来て帰ろうと思ったときに、廊下でぽつんて座ってらっしゃった。で、すごく寂しそうだったんで、声かけたんですよ。

そっから少し関わるようになって、自分と旦那さんとの関係とか、どれだけ旦那さんを大事に思ってるかとか、旦那さんがどういう人だったかとか、そんな話をいっぱい聞いて、そっからときどき、患者さんのもとを一緒に訪れて、奥さんと話をしたりとか、そんなふうな関わりをして。

奥さんがその前に、「やっぱり旦那さんがいないと、生きていけない」っておっしゃっていて、そんなふうな状況が、ちょっと心の準備も必要だし。

で、奥さんとそこのお部屋で、旦那さんも囲んで話をしてるなかで、奥さんと話して、「旦那さん、今、何て言うと思います？」とか、そんなふうな言葉がけをして、「しっかりするようにって多分、言うと思います」とか、そんな話をしてるなかで、で、奥さんが、〔旦那さんが〕いなくなった後のような言葉を発したんですよ。

だから、ちょっと準備ができてきてるなと思ったので、「こうやって背中に手入れて、ぎゅって抱きしめたりできるんですよ」って言って。そんなふうなのしてもらって、ふって患者さん見たときに笑ってたんですよ。（井部、村上『現象学でよみとく専門看護師のコンピテンシー』42-43）

男性はくも膜下出血で意識を失い、そのまま二ヶ月間目が覚めることがなく亡くなった。遠方に住む妻は途方に暮れるわけだが、たまたま比田井さんが通りかかったことで声をかけ、関わり始める。暗い廊下のベンチに座り込んでいた状態は、ＩＣＵにいる夫からは切り離された状態だ。そこから比田井さんの付き添いでベッドに立ち会うことで、物理的にも近づいていく。これは目に見える変化だ。

しかしポイントは目に見えない変化だ。比田井さんは思い出を語ってもらうことで、夫との過去の関係を確かめ直し、「今、何ていうと思います？」と今現在のコミュニケーションを想像することで、現在の夫との関係を作り出す。そして最後に「抱きしめたりできるんですよ」と体のつながりを回復する。そのリワードとして、意識がない夫は「笑う」のだ。もちろん、医学的には笑うはずがないということを比田井さんは承知している。想起・想像・身体のコンタクトという三つのチャンネルでの関係を回復することで状況は全く別のものに変容する。このような目には見えないつながりの回復という変化を取り出すのが、現象学的な質的研究（ＰＱＲ）の役割だ。

看護実践の構えは次第に変化する。患者の状態や患者を巡る状況も刻一刻と変化する。このような変化は目に見える事物ではない。

> さまざまな変化がある。しかし変化の下に変化する物はない。変化は支えを必要としない。さまざまな運動がある。しかし運動する慣性的で不変な物体はない。運動は運動体を必要としない。（ベルクソン『思考と動き』163/230）

一つのメロディーに耳を傾けて、それに身を委ねてみてください。そうすれば運動体に結びついているのではない運動と、変化する物がなにもない変化との、はっきりした知覚が手に入るのではないでしょうか。（同書 164/231）

現象が変化するのではない。変化こそが現象なのだ。経験や実践はそれ自体としては目に見えない運動そのものである。言い換えると現象は、対象を認識する知性によって掴めるようなものではない（それゆえ知覚一般や想起一般の固定した本質構造を解明したとしても経験は明らかにはならない）。患者が「だんだん」衰えるリズムや、「どんどん」死が近づくリズムは〈コップの知覚〉というような認識志向性の水準のものではない。

PQRが扱う「現象」とは、このような目には見えないが具体的に生きられている動きである。リズムやテンポや変化はまさにそのような「現象」の最たるものではないだろうか。実は、ベルクソンは「イマージュ」という単語を、そのような目に見えない「現象」を指し示すために使うことがある。

形の手前のイマージュ

『物質と記憶』の冒頭でベルクソンが、物質世界のものとも心的な事象とも決められない現象のことを「イマージュ」と呼んだことはよく知られている。『物質と記憶』のとくに第一章イマージュは物質世界の実在に関わるものとして捉えられ、逆に物質に還元できない精神に属するものとして「記憶」が導入されたのだった（ベルクソン『物質と記憶』訳者杉山による解説 365）。つまり『物質と記憶』で描かれたイマージュは概ね固定した物質に近いものであり、精神と対立する。これは私たちが採用したいイマージュではない。

しかしベルクソンは実はこのような物質に近いイマージュとは異なる、むしろ精神に近いイマージュを『試論』以来一貫して念頭に置いていた。そしてこのイマージュはリズムの現象でもある。

> 詩人とは、感情をイマージュへ、イマージュそれ自体を今度は言葉へと、それもリズムに忠実な言葉へと発展させて、感情を言い表そうとする、そのような人物である。これらのイマージュがわれわれの眼前に再び浮かび上がるのを見るなら、詩人ならざるわれわれも、これらのイマージュのいわば情動的な等価物であった感情を抱くことになるだろうが、しかし、リズムの規則的な運動がなかったとしたら、それらのイマージュがこれほどの強度でわれわれに対して実現されることはなかっただろう。（ベルクソン『試論』11/26）

詩のイマージュの多くは像を結ぶことがないあいまいな、しかしイマージュとしか言いようがないものであろう。精神すなわち生が概念へと固まる途上にある最初の形象化のプロセスがイマージュである。イマージュは生の持続と概念のあいだにある。ベルクソンはイマージュがリズムを通して現れるという。

この意味でのイマージュは逆説的であるが実は目に見えない。目に見える画像は形を固定するものであり、運動をその運動において感じ取る詩的なイマージュではない。実は私たちが経験を想起し、語りだそうとするとき、語りをけん引するのは〈まだ形を持たないイマージュ〉である（第7章の齋藤陽道はこれを「ことばの前のことば」と呼んでいた）。状況と実践のダイナミズムは、それ自体は目に見える形を持っているわけではないし、逆に言うと〈形の手前のイマージュ〉は実践を貫くリズムである。インタビューではしばしば、言いよどみや言い間違い、話題の跳躍がある。このような場面で語り手は今まで言葉にしたことがない経験と向き合い、そのイマージュを手繰り寄せて醸成している。PQRが最終的に記述しようとしているのはまさにこのような実践のイマージュとその潜在性としての実践のスタイルなのである。目には見えないイマージュを目に見える言葉にすること、これが現象学がもつ逆説的な使命だ。

しかし内的経験にふさわしい言語など、どこにもない。仕方なく概念に逆戻りし、それにイマージュを結びつけるしかないのである。概念をひろげて柔軟にし、そのまわりに生き生きしたニュアンスを漂わせ、概念だけでは経験の全体をおおうことができないと告げなければならないのだ。けれども近代物理学が自らの領域においておこなった改革を、この形而上

学が自らの領域において成し遂げることになるのは疑いをいれないだろう。（ベルクソン『思考と動き』45/62）

概念は対象を外から捉え、分割し固定する。しかし生命や経験は持続であり、外から概念で捉えたときにはその本質は消えてしまっている。概念で経験を記述しようとしたとしても余剰としてのイマージュが残る。そしてイマージュを介して表現を生み出すことができるがゆえに、経験は言語に翻訳しうる。逆に言うと、イマージュに則った言語のみが経験を記述しうる。

アメリカの心理療法家ジェンドリン（1927-2017）はフォーカシングという技法のなかでこのプロセスを活用した。悩みごとがあったときに、頭を空っぽにして（「クリアリングスペース」と呼ぶ。イメージ〔イマージュ〕のなかでリズムがゆるむ場所を作る作業）、体全体で感じている感覚に問いかけ、その「体の感じ」を大事にしそれを味わうことで、イメージ〔イマージュ〕が湧き、そのあいまいな感じに言葉が当てられ、悩み事に対する応答の方向性が見えてくるというのである（Gendlin 1981, Gendlin 1996）。

引用はジェンドリンのクライアントが「森の中にいる小さな女の子」というイメージ〔イマージュ〕を思い浮かべたという事例である。女の子のイメージが浮かんだ次のセッションから引用する。

T（セラピスト） まだ、あの小さな女の子は見えますか。
C（クライアント） ええ……あらっ……はしごの上の方で動けなくなってる！
T では、彼女のそばにいてあげましょう。
C ああ……わかったわ、なんのことか！

彼女のフェルトセンスから、このイメージがその週に起こったこととつながっていることがわかった。その子がそのはしごから降りてこられる方法が浮かぶまで私たちは待った。そして方法が浮かぶと、クライアントのからだ全体はほっとゆるんだ。（ジェンドリン『フォーカシング指向心理療法 下』372）

悩みの種となっている状況を思い浮かべたときに感じるあいまいな身体感覚を丁寧に吟味し、イメージ（イマージュ）が湧き上がるのを待ち、それを言葉にしていくのだ。言葉にしていき、イマージュの問いかけの答えを待つことで、体全体が変化していく。

『思考と動き』でのベルクソンは、イマージュこそ概念よりも持続に近いものであるという。イマージュは直観が捉えた持続すなわち生を来るべき形へ向けて翻訳する働きであり、持続がそのつど新たな創造的な流れである以上、イマージュはそのつど新しい未聞のものとなる。

ところで、イマージュは具体的なものに私たちをとどめるという長所を少なくとも持っている。どんなイマージュも持続の直観の代わりにはならないが、しかし、多様なイマージュimages diversesを非常に異なる種類のものからたくさん借りてくれば、それらの作用を集中させて、直観をとらえるその点に意識を差し向けることができる。（ベルクソン『思考と動き』185/263）

具体的な現実（出来事、状況、実践）は目に見えないイマージュとして人間に現れる。このイマージュは（うつろいゆく経験そのものではないが）経験の「あいまいな形」あるいは「形の手前」である。そしてベルクソンがimages diversesと複数形で書いているのは偶然ではない。多様性へと開かれた複数のイマージュのからみあいとして経験は成り立つ。これがポリリズムである。

しかし、直観は知性によってしか伝わらない。直観は観念をこえるが、しかし伝達されるためには観念に跨がらなくてはいけない。直観はできるだけ具体的なもろもろの観念を選ぶだろう。具体的な観念とは、周囲をまだもろもろのイマージュで取り巻かれている観念である。（同書42/58）

イマージュは概念をとりかこむフリンジを提供し、それによって概念が近似値的に直観を表現できるようにするのである。固定する作用をもつ言語によって流動的な経験や実践を描きうるのは、イマージュの自由な運動によって媒介されているからだ。インタビューの語りとは、まさにイマージュによって活性化された言葉である。

ベルクソン化した現象学は、目に見えないイマージュ、形を持たないイマージュを舞台としている。PQRの第一段階は、インタビューに登場するさまざまなモチーフがどのようにつながり、実践や経験がどのような成り立ちをしているのかを示すことになる。言葉のディテールの読解もあくまでこの経験全体の流れがもつ骨格を描き出すためである。つまりかすかに透けてみえるポリリズミックなイマージュをたぐりよせていって、かろうじて言葉へと落とすのがインタビューの錯綜した語りであり、現象学的分析がイマージュによりはっきりした形を見いだし諸イマージュのあいだの連結を明らかにするのである。

3　個別事例によってたつ真理――触発と潜在性の地平

触発

現象学的な質的研究（PQR）は、数値と統計を使う多くの自然科学や社会科学とは根本的に異なる真理観に立っている。自然科学や社会科学は、対象を外から客観的に把握することができるという理念によって立っている。そしてもう一つ、多様な事象から共通項を抜き出すことで、普遍に到達できると考えている。「統計的に優位」という言葉がこのような理念を端的に示しているであろう。しかし多くの事例に共通する要素を取り出したとしても、そのように得られた「普遍」が読者を刺すことはない。統計に基づく一般観念は「知識」をもたらすが、直接読者個人の生を突き動かすことはない。読者が心を動かされるのは、それが感動によるにせよ嫌悪によるにせよ、具体的で個別的な事例だからである。個別的で具体的なものから導き出されるひとつの真理は〈触発する真理〉と呼べる。フッサール現象学は、一般概念の水準で構想されているが、ベルクソン化した現象学は異なる真理にもとづく。このような〈触発する真理〉を、ベルクソンは芸術の経験からも描いた。

この観点に立つことで分かるのは、われわれの考えでは、芸術の目的が、われわれの人格の能動的な、というよりもむしろ反抗的な諸力能を眠らせ、われわれを完全に従順な状態に導いて、それが暗示する観念をわれわれに実現させ、こうして表現された感情にわれわれを共感させることにあるということだ。（ベルクソン『試論』11/25-26）

このように芸術は様々な感情を表現する exprimer ことよりも、感情をわれわれのうちに刻印する imprimer ことを目指す。芸術はわれわれにこれらの感情を暗示する suggérer のだが、自然の模倣よりも効果的な手段が見いだされるのであれば、自然の模倣無しで済ます

ことも厭わない。(同書12/27)

PQRの真理は、ベルクソンを参考にした場合に二つの方向から考えることができるようになる。一つは「共感」や「暗示」「刻印」すなわち事象や他者の経験を、その運動の内側から自ずと感じ取ってしまう直観の働きである。たとえ私は他者の経験を自分ではすることがないとしても、他者の経験は私を触発しうる。私は看護師ではないし、今のところ病も持っていないが、しかし看護師の実践や患者の経験の語りは私を触発する。自分が(いまだかつて経験したことがない)患者や障害を持つ人の弱さや強さを、私もまた経験するかもしれない地平としてもっていると言い換えてもよい。ベルクソンは芸術からこのことを考えた(第8章でルソーが教えてくれた歌がもつ人と人をつなぐ力を方法論化したと考えることもできる)。

もう一つは拡張された経験の地平である。他者の個別経験の分析がもたらす触発(暗示)は、感情移入や同情を引き起こすわけではなくても、他者の経験を自分の可能性の拡張として生き直すことを可能にする。人間がもつ潜在的で無限のポリリズムの地平がPQRの地平となる。

患者や看護師の経験・実践のポリリズムがあり、それが潜在的で拡張された経験の地平に属しているがゆえに、その人のイマージュを介して表現されたときには、聴き手や読み手を触発し揺り動かす。PQRはポリリズムからイマージュを生成し、それを言葉へと表現する触媒となるのだ。

地平

患者や医療者が持つ個別の経験から読者が触発されるということは、人間にもともと備わった力である。これは人間が潜在性において共有している経験の地平があるということを示している。私が看護師の経験を自分ですることはないであろうが、しかし権利上は現実化できないわけではない。〈権利上は経験しうる〉という潜在的な経験の地平がある（逆に言うと、現実となった経験と実践は、そのつど潜在性からの予期を超えた創造だということでもある）。そもそも人間の経験は、予見不可能な未知のものである。とすると他者の実践や経験が私の可能性を越え出ているのは当然である。しかし越え出ているからこそ（リアルな個別であり、創造であり）、私の地平に含まれるものとして私を触発するのである。

こうして私が援助の現場を調査し続けているのは、私の経験の範囲を越えたものと出会うため、経験を拡張するためでもある。意識が薄れていく患者とコンタクトを取ろうと極度の集中をする看護師、孤独に亡くなっていく患者のためにあらゆる手段で家族を探し、家族との交流を回復しようとする看護師、あるいは目の前の子どもが困っているときに泊めてあげる遊び場の主催者といった、驚くべき人たちとの出会いが〈触発〉と〈潜在的な地平〉という発想を私に与えた。

『試論』におけるのと同じ絵画の例を用いて「変化の知覚」（1911）でのベルクソンはこの潜在性の地平についても示唆を与えている。

コローやターナーの絵を前にして私たちが感じていることを、もっと深く掘り下げてみましょう。そうすればきっとわかりますが、私たちが彼らの絵を受け入れて感嘆するのは、彼らの絵の示すものの何ほどかを、私がすでに見たことがあるからです。しかし、私たちはそれを見ていたのですが、それに気が付かなかったのです。〔…〕画家はそうしたなかから一つの光景を切り離し、カンヴァスの上にしっかりと固定させたのです、それ以後、私たちは画家自身が見たものを実在のなかに認めないわけにはいかなくなるのです。（ベルクソン『思考と動き』150/214）

コローやターナーが描く「風景」は、習慣に毒された視線が見た風景とは異質なものである。しかし気づいていないだけで誰もがすでにそのように「知覚」していたのだとベルクソンは言う。この「すでに」行っていた創造的な知覚は潜在的なものであって、意識で気づいていたものではない。コローやターナーが作品としてそのような見え方を創造したときには、もはや私たち鑑賞者もコローやターナーのように風景を見ざるをえなくなる。コローと出会わない限りこの風景は現実化することがないが、このような潜在性の地平を共有しているがゆえに、自分にとって全く未知の遠い経験がしかし自分のものでもありうるものとして触発しうる。障害や病の苦痛、そして私がまだ経験したことがない死、これらは今のところ経験したことはないとしても私の潜在性の地平に収まるのだ。

注意が必要なのは、このようなＰＱＲの「地平」はフッサールの「地平」よりも広いということだ。フッサールの地平は、実現をあらかじめ想定しうる可能性の地平である（それゆえ病や障害はアノマリーとして彼の可能性の地平から排除される）。これに対し、ベルクソンが与えてくれるのは、私の可能性を超える他者の経験を、潜在性の地平において受容するということである（それゆえ潜在性からの創造という表現を多用してきた）。潜在的なポリリズムとして人間の経験の地平は開かれるのだ。

このとき、真理にはもう一つ別の意味が付け加わる。触発する個別者の真理は、自らの可能性を超えるポリリズムの地平を切り開くこととしての真理へとつながっている。そしてこの地平の拡大という真理の働きは、翻ってベルクソンが抱いていた哲学の定義に関わる。そしてこの定義ゆえにＰＱＲもまた哲学であることを自らに主張するのだ。

しかし問題の提起は、ただ単に問題を発見することとは違っている。それは問題を発明することなのだ。発見というものは顕在的にしろ潜在的にしろ、すでにあるものに関わっている。それゆえ遅かれ早かれ、そうなることは確かだったのだ。しかし発明は存在しなかったものに存在を与えることであり、したがってそうはならなかったかもしれないことである。

（ベルクソン『思考と動き』52/69）

触発は真理の触発であり、潜在的な経験の地平は真理の領域でもある。そしてこれは発見でありかつ創造の地平でもある。言い換えるとベルクソン的な共感の視点を方法論として採用することで、ＰＱＲは、研究そのものが創造的になる。ＰＱＲはポリリズムという問題を発見し、医療福祉実践の意味付けを更新していく。というのはポリリズムという視点のもとでは一つひとつの研究が人間の可能性を拡張するからだ。ＰＱＲすなわち現象学的な質的研究は、さまざまな実践の現場において新たな問いを発明するがゆえに、哲学の嫡子であることを主張するのである。

本書最後の第11章ではカオスあるいはノイズから今はじめてリズムが立ちあがる、そのようなリズムの発生について論じる。

第11章　カオスからリズムが生まれる――マルディネとリズムの存在論

1　カオスに降りる

萩原朔太郎「猫町」

詩人として知られる萩原朔太郎（1886-1942）は、短編小説「猫町」（1935）のなかで道に迷うときの奇妙な感覚を描いた。馴染みのはずの町がまったく未知の街に変容し、ときに輝きだし、ときに不気味になるのである。

はじめは、道に迷って出会った見知らぬ（と思われた）町は典雅な姿をしている。

私は幻燈を見るような思いをしながら、次第に町の方へ近付いて行った。そしてとうとう、自分でその幻燈の中へ這入（はい）って行った。私は町の或る狭い横丁から、胎内めぐりのような路を通って、繁華な大通の中央へ出た。そこで目に映じた市街の印象は、非常に特殊な珍しいものであった。すべての軒並の商店や建築物は、美術的に変った風情で意匠され、かつ町全体としての集合美を構成していた。（萩原「猫町」『猫町』21）

目に映る町並みはすべてが新しく、かつ精妙なバランスの上にその美が成り立っていると感じられていた。ところが、この美学的な緊張と調和を保つための繊細なバランスに「私」が気づいたとたんに、町は不気味に映るようになる。

町には何の変化もなかった。往来は相変らず雑鬧して、静かに音もなく、典雅な人々が歩いていた。どこかで遠く、胡弓をこするような低い音が、悲しく連続して聴えていた。それは大地震の来る一瞬前に、平常と少しも変らない町の様子を、どこかで一人が、不思議に怪しみながら見ているような、おそろしい不安を内容した予感であった。今、ちょっとしたはずみで一人が倒れる。そして構成された調和が破れ、町全体が混乱の中に陥入ってしまう。

私は悪夢の中で夢を意識し、目ざめようとして努力しながら、必死にもがいている人のように、おそろしい予感の中で焦燥した。空は透明に青く澄んで、充電した空気の密度は、いよいよ刻々に嵩まって来た。建物は不安に歪んで、病気のように瘠やせ細って来た。所々に塔のような物が見え出して来た。屋根も異様に細長く、瘠せた鶏の脚みたいに、へんに骨ばって畸形に見えた。

「今だ！」

と恐怖に胸を動悸しながら、思わず私が叫んだ時、或る小さな、黒い、鼠のような動物が、街の真中を走って行った。私の眼には、それが実によくはっきりと映像された。何かしら、そこには或る異常な、唐突な、全体の調和を破るような印象が感じられた。

瞬間。万象が急に静止し、底の知れない沈黙が横たわった。何事かわからなかった。だが次の瞬間には、何人にも想像されない、世にも奇怪な、恐ろしい異変事が現象した。見れば町の街路に充満して、猫の大集団がうようよと歩いているのだ。猫、猫、猫、猫、猫、猫、猫。どこを見ても猫ばかりだ。そして家々の窓口からは、髭の生えた猫の顔が、額縁の中の絵のようにして、大きく浮き出して現れていた。（同書 25-26）

不安に満ちた張りつめた秩序が、「今だ！」という叫び声とともにばらばらと崩れさり、黒い何かが横切ったとき「異常な、唐突な、全体の調和を破る」カオスへと解体する。こうして「猫、猫、猫、猫、猫、猫」という仕方でカオスが現出するのだ。座標と方向感覚を失いさまよう「私」は、猫の大群に飲み込まれる。

このあと「私」は「いつものU町の姿」を見出すことで、この奇怪な幻想から救われるのだが、このような大げさなものではないとしても、方向音痴の私にも似たような経験はある。世界のなかで身の置きどころと座標を失ったときに、私たちはカオスに飲み込まれる。逆に言うと世界のなかに住まうとは、身の置きどころと基点となる座標を発見することでもある。このような場面を念頭に置きながら、世界に住まうこととリズムとの関係を本書の最後に考えていきたい。

アンリ・マルディネ

私は医療現場においてとくに看護師にインタビューを行い、そのデータを現象学的に分析するという研究を行ってきた。看取りに関わる場面では、状況を打開することが難しく膠着している場面、あるいは膠着していた状況が看護師の立ち会いのなかで急激に変化し始める場面に出会う。これらの場面は実践上は何らかの危機をともなう場面である。

何かが私に迫ってくるとき、世界は二重の現れ方をする。一方では世界は認識の上では分節されているのであり、目の前になにがあるのかはっきりと分かっている。町並みがあり、道路には車が通っていて、歩道には人が歩いている、といったことだ。

ところが「猫町」が描くように、分かっているはずなのに途方に暮れることがある。認識している事物は分かっているのに、どう行動したらよいのかわからないときの、わからない側面によって私は問いかけられ、応答を迫られる。座標を失った世界のなかにどのように立つのか、文化によって与えられた座標の手前で世界を受け止めるとはどのような経験なのか。

このような既存の座標を失った世界による問いかけの仕組みに光を当ててくれる哲学者として

フランスの現象学者アンリ・マルディネ（1912-2013）を参照したい。マルディネ自身は芸術作品と精神疾患を考察しているが、私はマルディネのリズム論を、社会状況のなかでの行為の産出を考えるための手がかりとして読んでいく。世界と行為がいま新たに立ち上がる局面をマルディネはリズムと呼んだのだった。本書のいままでの議論では、あたかもすでに人と人が交わり、人と社会が交差していて、その交わりのなかでリズムが生じているというように描いてきた。しかしマルディネを参照することで、そもそも人が世界と出会う端緒自体がリズムだということが明らかになる。人間はリズムとして世界と出会い、今ここで屹立する。この垂直方向の時間としてのリズムこそが最後の章の主題となる。いままでは過去から未来へ向けて横に流れる時間（経験、行為、メロディー）がある瞬間に作る形としてリズムを捕まえてきたが、リズムはそもそも人が世界とはじめて出会い世界のなかに立つ出来事なのである。

マルディネは自分自身現代美術のコレクターでもあった美学者であり、かつ精神科病院での研究を行った精神病理学者でもある。リヨン大学で長く教鞭をとったが、ドゥルーズによる言及で知られるとともに、マルク・リシールを中心とした現象学者のグループ、あるいはラ・ボルド病院のジャン・ウリのグループで読まれてきた。絵画も精神病も彼は出来事から考える。絵画は出来事の出来事性を表現する手段であり、精神病とは出来事との出会い損ねの表出のことなのだ。ここでは二つの側面から彼の議論を参考にしたい。一つは、座標を失った形を持たない世界との出会いのなかで形を生みだす働き、もう一つは予想し得ない出来事との出会いを可能にする超受容性という働きである。

カオスから出発する――行為の出発点としてのめまい

「路頭に迷う」（Maldiney 1973/1994 149）ことが、人間の経験の出発点になる。路頭に迷うとは、目の前に家並みや道路がはっきりと知覚できているのに、どこにいるのかどちらに進んだらよいのか分からなくなる状態だ。世界は座標を失って、私は眩暈に襲われる。このような居住不可能な世界をマルディネはカオスと呼ぶ。

砂漠のなかで迷うとき、私が立つ〈ここ〉の周りにはどこまでも拡がる地平線しかない。[1] このとき空間の目印となる〈そこ〉が失われているときには〈ここ〉も失われる。これがカオスである。このような状態をマルディネは人間と世界の関係の出発点に据えている。

カオスに巻き込まれて座標も自己も失った状態から、自己と形（世界の秩序）を作り上げること、これが人間の営みだというのである（Maldiney 1973/1994 150）。このようなカオスは自己喪失の危機であるが、しかし真の創造性はこのようなカオスの試練からのみ生み出される。すでに世界の秩序が決まっているなかでのルーティンワークには創造性はない。[2]

カオスに対立するのが「形」（＝世界の秩序）でありその時間的側面がリズムである。形の産出とは、カオスを居住可能な世界（Maldiney 1973/1994 148）にすることである。そして形がしたがう時間構造がリズムであるとマルディネはいう。つまり画家や音楽家やダンサーがそうであるように、外から与えられる座標とは別の仕方で、世界と身体の関係を作り出し、自らの内側から世界と身体の秩序を作り出すのだ。

視線の置きどころがない乱れた線たちが錯綜した束〔パウル・クレーはカオスをこのように描いた〕と、跳躍のなかで設置された起源から出発する空間の輝きのあいだには、まさに〈リズム〉がある。リズムによってカオスから秩序への移行がなされる。(Maldiney *Regard, parole, espace*. 151)

つまり、マルディネにとってリズムとは、住み着くことができないカオスから出発して居住可能な世界が生成する運動、あるいは世界に居住する私が立つ〈ここ〉と出来事が生起する〈そこ〉が定まる運動でもある。彼は極めてラディカルな視点を提案している。というのは、通常リズムはすでに存在する世界のなかでメロディーとともに流れていくものとして受け止められているだろう。ところが彼は世界のなかで横に流れる運動ではなく、そもそも世界が世界として生成

1 「私たちはその〔風景の〕なかをここからここへ、「ここ」同様どこまでいっても変わることのない、地平線に囲まれながら歩む」(Maldiney 1973/1994 149)
2 カオスに降りる必要は、医療実践だけでなくそれを研究する研究者にも当てはまる。世界を考察する画家がカオスに降りるのと同じである。

する縦の運動としてリズムをとらえているのだ。

形（＝世界の秩序）を産出して秩序のある空間に住むことができなかったとしたら、空間の拡がりは底の抜けた深淵となりそこでは眩暈に立ち尽くすしかないであろう（Maldiney 1973/1994 150-151）。ある状況のなかに身をおいたときに全体的な分節が不可能であるとしたら、そのようなカオスは文字通りに居住不可能な深淵であろう。これは同時に状況と私の距離が取れない状態でもある（Maldiney 1973/1994 150）[3]。

芸術家たちは逆にそれゆえにこそカオスに惹かれ、カオスからの世界の発生を描写し、カオスに降りることも描写してきた。梶井基次郎（1901-1932）の短編「冬の蠅」（1928）の主人公が、結核の熱に浮かされながら、冬の森の闇のなかに自らを遺棄したときの経験もそのようなものだったのではないか。

私は山の凍てついた空気のなかを暗やみをわけて歩き出した。身体はすこしも温かくもならなかった。ときどきそれでも私の頬を軽くなでてゆく空気が感じられた。はじめ私はそれを発熱のためか、それとも極端な寒さのなかで起る身体の変調かと思っていた。しかし歩いてゆくうちに、それは昼間の日のほとぼりがまだ斑らに道に残っているためであるらしいことがわかって来た。すると私には凍った闇のなかに昼の日射しがありありと見えるように思えはじめた。一つの燈火も見えない暗やみというものも私には変な気を起こさせた。それは灯がついたということで、若しくは灯の光の下で、文明的な私達ははじめて夜を理解するものであるということを信ぜしめるに充分であった。真暗な闇にも拘わらず私はそれが昼間と同じであるような感じを抱いた。星の光っている空は真青であった。道を見分けてゆく方法は昼間の方法と何の変わったこともなかった。道を染めている昼間のほとぼりはなおさらその感じを強くした。（梶井「冬の蠅」『檸檬』224-225）

光のまったくない暗闇の森に迷うとき、「私」は残光の幻影のように昼間の光を感じ取る。闇と光の区別ももはやないような無差別的な世界を垣間見るのだ。「灯の光の下で」はじめて私たちは「夜を理解する」が、〈そこ〉を決める灯の光がない暗闇はカオスである。このあと山を降りたところで漁村を見つけ出すことで「私」は再び世界の座標を取り戻すことになる。

実は形のない状態が創造性の出発点であるということはウィニコットも記述したことである（第3章）。養育者が子どもを支えるホールディングを作ることで、子どもは自分が存在していることを「形のない状態 formlessness」「統合されていない状態 unintegration」として受容できることができるようになったときに、子どもは不安から解放されて遊べるようになるというのが

3　サルトルの言葉で言うと否定性がない状態であるが、マルディネ自身、クレーの「どこにも否定がない」という言葉を引用している（Maldiney 1973/1994 149）。

ウィニコットの発見であった（Winnicott 1971 34-35）。逆にホールディングによって支えを与えられない場合には、自己が破たん break down するのであり、自己感が成立しない侵襲的なカオスへの解体 disintegration を経験することになる（Winnicott 1989, ch. 18, ch. 21）。これは破壊的なトラウマとなる。（ウィニコット自身はこれを精神病と呼んだが）悪夢やパニック、深刻な抑うつでこのような場面は経験的に表現されるだろう。リズムによって私が居る〈ここ〉と移行対象が出現する〈そこ〉を産み出すためには、本人が意識していなくともリズムの背景でホールディングが必要だ。この点はマルディネにはない指摘である。私たちはウィニコットにならって守られたカオスと、破壊的なカオスを区別する。

カオスにおいては私の〈ここ〉は失われて溶け出し、目印となる〈そこ〉は切り崩されていく（Maldiney 1973/1994 150）。このようなカオスから、〈ここ〉と〈そこ〉で分節された光の秩序を生み出す運動が「リズム」なのだ（Maldiney 1973/1994 151）。つまりリズムとは原的な自己あるいは〈ここ〉が生み出される運動であり、原的なリズムとは原的な「私が居る」ことの誕生そのものなのだ。振り返ってみると、第I部の冒頭に挙げたファン＝エイクの『宰相ロランの聖母』はまさにそのようなポリリズムの誕生とそれを支える（マリアとイエスの）ホールディングを可視化した作品だった。

途方に暮れる状況、理解を拒む状況があり、そのような場面でこそルーティンの技術使用を超えた創造的な実践が始まるのだ。カオスに支えを与えて形のない状態を生み出すこととして創造が始まる。

第6章で引用した看取りの事例もそのような場面だった。もう一度引用してみよう

Eさん　結局、亡くなったとき、「Eさん、息してないみたい」って、その方のお父さんから電話があって、行ったときにはもう亡くなってたんですけど、そのときも、その中学生の子どもたちは別の部屋にいてて、「お母さんの体、すぐ冷たくなっちゃうよ。お母さんに触っといてあげて」って言って、その子たちの手をお母さんのおなかに当てて……。

そうそう、亡くなったときもそんなふうにしてて、「お母さん、冷たくなっちゃうよ」って言って、お母さんのおなかに3人の手を、こうやって持っていって、で、「お母さん、まだあったかいやん」って言って。「でも、すぐ冷たくなっちゃうんやで」って言って、ずっと触ってて、で、触りながらやっと、その2人のお姉ちゃんたちが、涙がポロポロポロポロ流れてきてたので、『ああ、やっとちょっと泣けたのかな、感情がちょっと出せたのかな。（村上『在宅無限大』153）

がんの終末期にあった母親と娘たちはコミュニケーションが取れなくなってしまっていた。最期の数週間のあいだ、親子は会話をすることがなかった。亡くなった時も別室にいるほどである。Eさんに死を告げたのは、娘でもEでもなく、父である。つまりコミュニケーションという視点

から見たときには、状況はばらばらになり、分節を失って膠着している、つまりカオスである。亡くなった直後、訪れたEさんによって娘たちの手が、母親の遺体に置かれたそのときに、状況全体が再編成されていくことになる。接触点を基点として、子どもたちと死んだ母親の関係が生成するのだ。実践的には、生きているあいだには親子の和解を促せなかった。とはいえ、看護師の動作が、喪の仕事の媒介となる。カオスからの世界全体の形の生成、これはまさにマルディネが「リズム」と呼んだものにほかならない。

さらに踏み込んでいうと、マルディネにおいてリズムとは人間が世界のなかに立ち現れる本源的な仕方なのだ。リズムという仕方で私たちは世界と関わりはじめる。

「そしてリズムとは、〔…〕世界との初めての交流がもつ真理のことである」(Maldiney *Regard, parole, espace*. 153)

これは第2章で論じた〈ベースのリズム〉を発生的にみた姿だろう。ベースのリズムは、ポリリズムに、つながりを作る働きでもある。複数のリズムが並列したとしてもばらばらなままではポリリズムにならない。ずれと調和が交互にくる運動は、ベースのリズムによってつなぎとめられてポリリズムになる。

マルディネの例でいうと、北方フランドルの画家ヤン・ファン・ホイエンの『ポルダーの風

ヤン・ファン・ホイエン『ポルダーの風景』(1644年、アムステルダム国立美術館)

景』では ポルダーの干潟において水のリズムと地平線のリズムと空のリズムという異質なリズムが出会い、統一的なリズムとして世界がそのようなものとして立ち現れる (Maldiney 1973/1994 152)。両立しないはずの諸現象が両立する、その統一の動きのことをマルディネは〈リズム〉と呼び、私は〈ベースのリズム〉と呼んだのだ。

世界のなかに初めてたち現れることとしての原的なリズムとは何か。それはリズムを通して、身体が住みつき遊動することが可能になる世界が開かれるということだろう。リズムという仕方で世界は居住可能な開かれとして顕わになる。リズムに乗って踊ることができる場所、これが創造的に遊ぶことが可能な空間の開かれであり、本源的な世界との関係なのだ。

私が医療現場で行うインタビューで登場する深刻な事例では、しばしば看護師は途方にくれ言葉に詰まる。そして実践の結果についても自信を持っていない。しかしそのような場面での迷いつつの実践こそがマニュアルを超えた行為の創造となっている。何かの手がかりをきっかけとして自分と状況との関係をつかみ直し、世界の秩序をはじめて産み出すことになるのだ。

2　形を作る

カオスから形を作る

身体と世界の関係を内側から創造する、予測不可能だがそうでしかありえないという必然的な生成を、マルディネは「形」の産出と呼んだ（Maldiney 1973/1994 166-167）。リズムとは形の産出がはらむ内的な時間生成のことである。

ところでマルディネにとっては形 forme は個々の対象の像 image や図 figure ではない。形の産出とは世界の開示であり、世界の全体的な秩序の発生である。形（＝世界全体の秩序）の産出のなかで、一つひとつの事物の像は世界全体の形の産出の要素、部分をなす。つまり像は具象絵画固有のものだが、「形」は面（世界）全体の構造化のことであるから抽象画でも具象画でも同じように生起する（そして具象絵画を抽象絵画のように見る視点を要求する）。それゆえマルディネにとっては形のほうが重要だ。芸術とは形すなわち世界全体の組成を開始し変容させる試みだというのである。対象の像が輪郭線 contour で囲い込んで閉じるのに対し、形という世界秩序の生成は時空間が拡がる運動であり開放的である（Maldiney 1993/1994 154）。形を作る線は、世界のなかで道を開いてゆくのである parcours。個々の像は、世界全体の変容としての「形」のなかに位置を持つことで意味を持つ。

援助職の研究という私の文脈に置き換えてみる。受け止めることが難しい状況、判断が難しい状況からの脱却は、状況全体の再編成として起きる。つまり実践とは形＝世界秩序の再編成のことである。変化は状況全体を巻き込んで起こる。実践とは状況の変容であり、（一つひとつの道具や対象の操作や処理ではなく）状況を全体として変容させる運動である。現場における個々の事象（器械、疾患部位、スタッフの動き、など）はクリアであるとしても、なおどうしたらよいのか自明ではない場面は多々あるだろう。看護師は、状況を居住可能なもの、コミュニケーション可能なものへと変化させてゆく。

第6章の在宅での看取りの例でも、「『お母さんの体、すぐ冷たくなっちゃうよ。お母さんに触っといてあげて』って言って、その子たちの手をお母さんのおなかに当てて……。」という身振りとともに、「で、『お母さん、まだあったかいやん』って言って。『でも、すぐ冷たくなっちゃうんやで』って言って、ずっと触ってて、で、触りながらやっと、その二人のお姉ちゃんたちが、涙がポロポロポロポロポロ流れてきてたので」と状況全体が組み変わる。個々の対象に変化があるわけではないが変化の支点を介して状況全体は変化するのだ。

ここでマルディネの視点の取り方と、私たちの視点の取り方の違いも明らかになる。世界の変容が問われている点は共通するのであるが、私たちにとって世界の変容を構成する個々のパーツは（絵画の場合のような）感性的対象ではなく**身振り**である。マルディネにとっての世界とは感性の秩序（あるいは無秩序）であるが、私たちにとっては生と死そして社会関係に関わる状況である。マルディネは〈カオスと形〉を文化的社会的な秩序の手前にあるものとみなしており、この部分でも私は彼の議論を少しずらしたい。社会的な状況が生み出す破壊的なカオス（＝生活の困難や差別や暴力などの社会的問題）というものがあり、社会状況全体を再編成する可能性こそが行為において問われる。つまり形の創造性についてのマルディネの議論を引き受けつつ、状況と行為の次元に視点を置きなおすのが私の議論である。

形の時間としてのリズム――諸力の調整と行為

リズムを得ることで、混沌としたノーマンズランドだった拡がりは、居住可能な世界へと変容する。マルディネはバンヴェニストによる語源の探索に遡って、リズムが流れではなく形を示すものであることを確認する（序章参照）。リズムは「流れている諸エレメントのパターン」（Maldiney 1973/1994 157）である。バンヴェニストを参照すると、「即興によって生まれ、瞬間的で、修正可能な形」（Benveniste 1966 333）とある。

これらは支援現場の実践という動くものの「形」を捉えることを目的としている私にとっても

参考になる。言葉にすることが難しくかつ、固定した形も持たない流動的な状況において実践を行い、状況全体が変容していくこと、それが私の研究対象である医療福祉現場だ。

ある状況のなかでの実践はそのつど固有のそしてしばしば多層のリズムをもつ。実践はポリフォニー（Seikkula & Arnkil 2014）であるだけでなくポリリズムである。マルディネは対立する諸力を統合する調和の運動がリズムであると考えている（Maldiney 1973/1994 169）。私が研究する医療現場でも、さまざまに矛盾し対立しあう社会的諸力のなかで、それらを調整する回答として行為が生まれている。複数の運動が持つそれぞれ異なるリズムが葛藤する。医療福祉現場で状況全体を貫く全体的で原的なリズムの背後には、個々の層が持つさまざまなリズムがあり、これがポリリズムを構成する（マルディネの「リズムの美学」の「リズム rythmes」は複数形である）。

リズムは目には見えない。ところが幸いに、インタビューではさまざまな擬態語や統語法のリズムによって知らずしらずのうちにこの行為のリズムが表現される。状況と行為が創りだす布置と、それがもつリズム（時間構造）は区別されるが裏表でつながっており、文法構造のなかに反映される。たとえばがん患者が衰えを内側から感じる様子を、「だんだんできなくなる」、外からやって来る死の接近を「どんどん近づいてくる」と表現した看護師のような場面にしばしば出会う（序章と10章参照）。二つのリズムが拮抗するなかで「じっくりじっくり聴いてゆく」という実践のリズムが成立する。この「だんだん」「どんどん」「じっくりじっくり」という三つの異質な部分的リズムがからみ合って一つの場面、一つの実践の原的なリズムを作る。[4] 行為が成立するためには適切なスピードとタイミングがあるのである。

3　形の産出の基点となる「そこ」／出来事の場としての「そこ」

形を捉える眼差し

マルディネが引用するセザンヌの言葉には「風景（＝カオス）から身を引き剥がす」という文がある（Maldiney 1973/1994 150）。あるいは形の運動は「対象に依存するのではなく視線 regard に依存する」（Maldiney 1973/1994 155）、とも書かれている。「形」の生成のためには、巻き込まれた状況に対して距離をとる視点が必要なのだ（Maldiney 1973/1994 155 note）。像を捉えること、つまり対象を認知する知覚は自動的に成立する。しかし世界の全体的な形を獲得するためには特異な視点が必要だ。「形」を捉える「眼差し regard」は、フッサールや認知科学で扱われる「感覚」でも「知覚」でもない。個々の事物の認識を超えて状況全体の布置を獲得する集中力をもった視線である。マルディネの視線はカントの構想力 Einbildungskraft と比べられる、創造的に形＝状況全体の構成をつかむ視線である。

看護実践においてもしばしば一歩距離をおいて現場を眺める視点が登場する。たとえば小児がん病棟Gさんのように、子どもが死ぬ場面を俯瞰して眺める視線を「ドライさん」とはっきりと自覚しているケースもあれば（村上 2013 ch. 8）、先ほどのEさんの「どうすんの、私？」というように自問自答として顕わになるケースもある。あるいは状況に巻き込まれているときには人称代名詞の「私」を使い、距離をおいて眺めるときに「自分」を使うことで内省を表現する看護師とも出会ったこともある（井部・村上 2019 16）。そしてこのような距離を持った視線で、看護師はつねに全体と細部の観察を総合しながら状況を判断している。単に細かく事物を見ているのではなく、状況と交差するさまざまな文脈の力線から状況全体の「形」をつかみとる視線を持っているのである。

ただしこの視線は、画家と医療者で違いもある。マルディネは、画家は創作の時点ではもはやカオスに巻き込まれていないと考えているので、「傍観者」あるいは「証人」（Maldiney 1973/1994 155）という言葉を当てている。しかし医療実践でリズムを考える場合には距離を置きつつも巻き込まれ続けているので、この部分の有り様が変わってくる。実践者はいやおうなく状況に巻き込まれた状態にありながら、もうひとつの視点が距離を状況に対して取り、行為を作り出す。この〈巻き込まれつつも距離をとる〉という視点の二重性も、本書の行為論とマルディネの美学との違いである。居場所について論じた第3章で触れたように、社会から守られた空間での遊びと

4　おそらくマルディネは部分的なリズムを認めないと思われるが、バンヴェニスト（1996）はリズムを「全体のなかの諸部分の配置」（Benveniste 330）と定義している。

して芸術の創作は可能になり、居場所の外に出た社会のただ中での行為とはこの点で組み立てが変わってくる。そして私自身の研究もまた、現場に巻き込まれた状態でそのまま記述を試みるようになってきている。

〈変化の支点〉としての「そこ」

後期のマルディネは、カオスから形を産出する運動、不可解な世界を理解可能な世界へと変容する運動を、超受容性 transpassibilité と超可能性 transpossibilité という新しい概念で考えなおそうとした。

人が存在全体を引き受けたときに、もしも座標を決めて秩序を生み出すことができなかったらカオスとなって飲み込まれる。この点はかつての議論と同じである。超受容性の議論でさらに深められたのは、世界の変容の発生の瞬間についての考察である。まず形の産出は、世界全体が予期せぬ変容を被るという予測不可性が強調される。予見できない変容の到来こそ可能性を超える超可能性である。つまり形の産出と超可能性は同じ水準のものである。

後期のマルディネにおいても出発点は相変わらず路頭に迷うことである。マルディネは何度もくりかえし、道に迷った人が空虚に向かって「おおい」と呼びかける場面を挙げる。

道に迷った人は空虚な空間のなかで呼び声を発し、そこから或る現前へ向けて呼びかける。

この現前から出発して「そこ là-bas」に新たな空間が開かれ、この空間が彼に場〔居場所〕un site を与える。その人は世界を別のものへと変容しようと呼びかけ、その新たな世界で道に迷った状態とそれとともにその「〔「そこ」を持たない〕ここ」も止む。(Maldiney *Penser l'homme et la folie.* 405; cf. Maldiney *L'art, L'éclaire de l'être.* 282)

このとき、人は「いまだ存在しないそこが到来すべく、ここからではなく〈そこ〉を基点として世界の変容を呼ぶ」。つまりいまだ存在しない〈そこ〉というポイントを砂漠のなかに穿って呼びかけることで、〈そこ〉を基点として世界全体が意味のある居住可能なものへと変容するかもしれないのだ。〈呼びかけ〉とは、カオスを有意味なものへと変容させる〔あるいは世界の布置を変容させる〕「来るべき裂け目」への呼びかけである。呼びかけは、世界を初めて開くあるいは世界全体の変容の基点となる。

真の叫びはあいだの空間を満たすことがない。周知のとおり、叫びが私をとらえるとき、叫びは私の周りのいたるところに空虚を作る。なぜかというと、絶対の叫び声は世界のなかで迷っている。いかにして遠くへ向けて声をかけうるというのか。叫び声は、まずもって近さと遠さの可能性へ向けて呼びかけるのだ。声は、そこにおいて居ることができるようになる〔場所が可能になる〕「どこ」へ向けて呼びかけるのだ。声は、呼びかけることのできる場所を〔あらかじめは〕全く持たない。声は空虚へ向けて呼びかけ、空虚が（あることとないことの場、呼びかけられるものと呼びかける者の）場 site を整えるようにと呼びかける。（Maldiney *L'art, L'éclaire de l'être.* 70）

〈そこ〉は画家が直面する知覚世界の拡がりを生み出す場面だけの話ではない。

ある年の真夏に、私が精神科の訪問看護に同行して重度の統合失調症の女性へと訪問したときのことである。クーラーが故障した部屋のなかに段ボールを積み上げて壁を作り、妄想と幻聴の世界に住んでいる患者さんが叫んでいた。二人の看護師はまず部屋の外から「Xさん、体調はいかがですか？　暑すぎないですか？」と呼びかけながら、静かに患者のもとに近づいていった。もちろん目の前の患者に向けて呼びかけているのであるが、患者が果たして言葉の通りに聞き取っているのかどうかは定かでない。患者は幻聴のなかの人物に向けて罵声を浴びせ続けている。しかし看護師は、（どこかにいるはずの「正気の」）患者に向けて語りかけていた。患者の名を呼ぶことは、世界が〈そこ〉という変化の支点から別様に変化しうるための窓となる〈そこ〉なのだ。そして来たるべき世界として垣間見られるのは、患者が周囲の人とコンタクトを取り、出会いの場が拓かれるような世界だ。このような出会いの場をマルディネは超受容性と呼んだのだった。このような場面で「他者がそこから到来する場所」「私とあなたが共有する世界の地平」は問いとして先鋭化するのではないであろうか。

マルディネは、統合失調症を（他者や出来事を受容し、道具と親しむための基盤としての）超受容性の喪失として定義した。しかし実践上は本質の把握ではなく、いかにして統合失調症の人とのあいだで超受容性を創りだすのかという問いが重要になる（病者を診断によって対象化する精神病理学を、援助者とも一続きの社会関係全体を変化させる援助技法論へと読み替える必要がある）。

マルディネはアルプスの峰に突然鹿が現れることで景色が一変する場面をよくとりあげる。

鹿の出現は今までの風景の配置に書き込まれるのではなく、むしろそれを消去する。鹿は出来事の場あるいは受容の場の炸裂の点、時空の原的な点、あるいはむしろ鹿がそこに立つ開かれのなかで、空と地とその間隙とが出現する瞬間＝場の原的な点である。この出来事＝到来は――そこで自らにおいて変容された世界を開く。（Maldiney *Penser l'homme et la folie* 406）

患者が聴き取るであろう〈そこ〉の「点」へと呼びかけることで、患者とのあいだの関係、患者が生きている世界全体を変容させることが問われている。呼びかけが届くであろう〈そこ〉は〈変化の支点〉（第６章）である。それゆえ精神医学の古い教科書が禁じるのとは逆に、現場の支援者は進んで妄想の世界に入り込んでいく。このことはオープンダイアローグや当事者研究が一般的になったことで知られるようになったが、看護や福祉の実践者たちは昔からこのように重度の精神疾患の患者たちと接してきた。

ところで、〈ここ〉と〈そこ〉は対立するわけではない。人は視点を〈そこ〉に置いて見るのだ（Maldiney 1993/2012 285）。〈そこ〉と〈ここ〉は重ね合わされる。そもそも〈そこ〉は三次元空間の発生の手前にあり、そもそも居ることを可能にする場 un site のことだ。〈そこ〉を開き、〈そこ〉から見ることで、新たに世界が拓かれる。

呼びかけられた〈そこ〉に視点が置かれる。客観的な位置の手前にある〈そこ〉を基点として（他者へのそして他者からの）呼びかけが成立し、世界は変容するのである。あるいはおそらく正確には、このような〈そこ〉が可能になるときに居住可能な世界が生まれる。〈そこ〉は世界の発生的な起源であることになる。[5] 形＝リズムが発生する基点が〈そこ〉なのだ。

> しかし〈開かれ〉のなかで、何かがわたしがそれの「そこ」であるような仕方で現出する。無意味や意味やら、存在者や非存在者があるためには「そこ」が必要である（「～がある il y a」の「y」は〔もともとは〕「そこ」である）。それは明るみの「そこ」なのだ。（Maldiney *Art et existence*. 210）

看護に話題を戻してまとめよう。看護師が直面している状況は色や音響といった感覚の拡がりだけでできている訳ではない。生死と社会関係、行為からなる状況である。そしてこの状況はそれぞれの〈身体の余白〉ゆえに不可避的にぎくしゃくしている。Eさんの例で考えてみると、亡くなるまですれちがっていた親子が母親の遺体に娘が手を添える場面で、遺体と手の接点を基点として世界が変容する。触覚は感覚だが、手と体が触れることを取り巻く家族関係と家族の文脈が、この接触の核心だ。遺体に触れることで開かれる〈そこ〉が世界変容の基点となる。〈そこ〉という〈変化の支点〉を介して死者との出会いが可能になる。子どもたちの手が母親の遺体に触れた〈そこ〉が、世界の開かれの基点となるのだ。**〈そこ〉において出来事の受容が可能になる。**〈そこ〉とは、〈身体の余白〉にもかかわらず複数のリズムが出会うタイミングのことであり、この出会いのタイミングと〈そこ〉という時空間の特異点において状況全体が組み変わるのだ。

5 時間から〈そこ〉を見たときには「現在」(Maldiney 1973/1994 161) 及び「危機の瞬間」(Maldiney 1973/1994 167) である。これは基準点としての現在を作ることである。マルディネはリズムの時間的側面をギヨームの内包された時間 le temps impliqué と外に拡がる時間 le temps expliqué の分節から説明する。現在を持たない不定法はカオスの水準である。直接法において現在という基準点が生まれるときに (Maldiney 1973/1994 161)、動詞は内包された時間（相や態）と外に拡がる時間（過去・現在・未来）で分節される。
インタビューではさまざまな文法的要素によって、語り手と登場人物の内的時間と外的時間が分節されていくが、現在という基準点はあまりに自明であるために、見えにくいかもしれない。しかし「猫町」が寓話的に描いたように世界全体が変容する危機的な瞬間にこの基準点は可視化する。カオスのなかにうごめく矛盾した諸力を緊張を持った一つの形へと統合する形の生成、あるいは行為の生成の瞬間、これがこの危機的な瞬間であり、これがこの現在の定位のことでもある。

横のリズムと縦のリズム

本書は二本の線を語ってきた。一つ目の線は歌とメロディーによって表現される生命の動きを持続の線であり、横の線であると言える。私たちは潜在的にはつねになにがしかのメロディーのなかに居るがゆえに、ときには声に出して歌うこともできるのだろう。

メロディーはリズムをはらむ。メロディーの流れのそのつどの形がリズムだ。そしてリズムはつねにポリリズムである。というのは、個人の生を貫く複数のリズム（ポリリズム）と、複数の人が出会って生まれるポリリズムだからだ。

ところで、リズムが必然的にポリリズムになるのは、身体が不可避的に（自分自身には見えない）余白をはらみ、そして対人間のずれは解消できないからだ。そしてそれぞれの人がもつ異なるリズムは、歌ゆえに出会い、身体の余白ゆえにずれ、ポリリズムが推移する。この複数のリズムの出会いかたが変化するとき、状況が組み変わる。この転回点が、出会いが持つタイミングだ。

タイミングは二本目の線である。出会いのタイミングという視点から見ると、リズムは世界との関係が立ち上がること、世界との関係が再編成されることでもある。世界（社会状況・対人関係）は、リズムを通して（再）編成される。

リズムを縦の方向で考えたときには、居場所の開かれとそこでの遊び、芸術の創造、状況が一変する行為（社会状況・対人関係）といった創造性について記述をしていくことができる。根源的には世界そのものが形をもって立ちあがる原的な発生として縦のリズムは登場する。

ずれとケア

個人の内なるポリリズムと、個人を取り囲むポリリズムとは、ぎくしゃくすることも多い。木村敏がアンテフェストゥムやポストフェストゥムと名付けたのは、取り囲むポリリズムにおいて生じるずれ、ぎこちなさだ。精神疾患患者だけでなく、誰もが周囲の人とのリズムの違いにつまづき、あるいは自分の経験のさまざまな層が干渉しあって混乱をもたらす。「藪の中」のような極端なくいちがいではないにしても、私たちは他者の置かれた状況についても、自分自身についても、解決できない盲点をつねに抱え込んでいる。

私自身は医療福祉現場で調査研究するなかで、ケアと呼ばれる場面の多くがこのようなポリリズムの失調に戸惑いながらぎくしゃくしたポリリズムが整うタイミングをはかる営みであることに気がついた。余白・死角が消えることはないにしろ、死角に飲み込まれてしまうことを押し留め、人との出会いが可能な世界を確保すること、これが本書の文脈のなかで見えてきたケアの姿だろう（もちろんこれはケア実践の、ほんの限定的な一面を記したに過ぎない）。家族ケアと呼ばれるものはしばしば家族間のポリリズムの不調を整える作業であるし、看護師による看取りは個人が抱え込むポリリズムの混乱や停止を整流すべくサポートする。つまり変化の触媒としての支援者とは、ポリリズムの組み換えに関わるサポーター、さらにはリズムの誕生の証人なのだろう。本書は支援者に対して「タイミングを合わせろ」と主張しているわけではない。人と人の出会いがはらむ不可避的なリズムのずれが、ときに生み出す出会いを証言する行為として、支援がもつダイナミズムを描いたのだ。

このようなポリリズムの組み換えは、〈新しいポリリズムで編成された世界〉を開く窓となる〈そこ〉の発見と、変化が起きる〈タイミング〉という時空間上の特異点の発生をともなっている。〈そこ〉も〈タイミング〉も、三次元の客観空間や時計で計測できる出来事ではない。ある〈タイミング〉で開かれる〈そこ〉を起点として、対人関係や自分の過去との関係が分節され直すことがあるのだ。実は〈変化の触媒〉として働くケアラーの役割とは、〈変化の支点〉となる〈そこ〉と〈タイミング〉を見出すことではないのだろうか。

ノイズからリズムへ／リズムからノイズへ

本書が描いてきた縦のリズムの線は根源的には、騒音や混乱あるいは無音からリズムが誕生する発生の線である。完全な孤立や切断のなかから歌を生み出し、あるいはリズムをつむぎだすこともある。齋藤陽道のようにいまだ歌が存在しなかったまったくのゼロ地点から歌が発生する場合もあるし、ジュネのように関係が切断された孤立のなかから歌という仕方で潜在的な関係の地平が開かれることもあろう。あるいは萩原朔太郎や梶井基次郎のようにカオス（ノイズ）に向けて下降することもあろう（カオスは居住不可能な場所なのだから、芸術以外の形では耐え難い経験だ）。メロディーとリズムは生命が展開する横糸の線だが、同時に沈黙や切断から発生する縦軸の線としても捉えることができる。

リズム一元論・リズム多元論

リズムは心の問題でもあれば身体の問題でもある。あるいはどちらの問題でもない。そして個人の問題でもあれば集団の問題でもある。そもそも一人の人がかかえるリズムは、いくつかの対人関係のリズムや、社会生活のテンポが要請するリズム、あるいは生育歴のなかで家族の歴史が課したリズム、体調や病などさまざまなものがある。つまり生理学的プロセスや社会制度が強いるリズムなど異質なリズムのからみあいだ。そのような多様な対人関係のポリリズムが一人の人のリズムを構成し、そしてそのつど他の人との交わりのなかでポリリズムが生まれる。そしてポリリズムの背景には意識することも身体経験にすることもできない身体の余白が控える。リズム一元論であり、リズム多元論である視点をとったときには、心と体の区別は意味をなさない（むしろ人間の定義は、身体も意識も含むさまざまな水準で生じる異質なリズムの集合体になる）。そして個人のリズムに他の人たちのリズムが流れ込み、それによって個人のリズムはつねに他の人たちのリズムと応答関係にある。

リズム一元論多元論は、ある固有の平面を設定する。本書は大きくいうと行為論でありリズムも行為のリズムとして考えてきた。それゆえリズムは身体のリズムであるが身体の余白でもあり、同時に意識で感じ取られているリズムでもある。このようなリズムとメロディーは、ベルクソンが持続あるいは生の跳躍と呼んだものとかなりの部分重なると思われる。言い換えると、リズムという現象に焦点をあわせることで、人間という生物種に固有の生の次元を捉えたのだとも言える。唯物論が力を持つ現在の流行のなかでは時代錯誤に思えるかもしれないが、とはいえ人間固有の平面を確保しておくことに大きな意味があるように思える。

つまりリズムの存在論とでも呼べる次元が行為論の平面として拡がっているのであり、本書はその問題設定をしたところで終えたい。この領域の本格的な探索はこれからであり、これからも多様なトピックが発見されるはずだ。

あとがき――本書が論じなかったもの

本書は、二〇一〇年以降行ってきた、（主に看護師のみなさんへの聞き取り調査を通して学んできた）ケア実践がはらむ不思議な構造を文学や哲学を題材にしながら取り出そうとしてきた。本書全体がリズムとメロディーの概念を軸として世界を読み解くシステムとして組み立てられている。

ケアの現場は倫理の問題と不可分であるが、本書はしかし倫理の書物ではない。倫理に触れなかった理由は、他者の人権の尊重に関わる対人関係の構造には触れなかったことと、生に制限や強制をくわえる規範や暴力について触れなかったからだ（前者については本書と同時に出版される拙書『ケアとは何か』（中公新書）で論じる）。「理念としてはこうなるべきである」ではなく、ケアの現場における出会いは「こう生成している」という探索の本であり、ケアの背景にある行為の存在論とでもいえる領域を発見することが本書のテーマとなった。また、制度だけでなく共同体や社会についても本書はほとんど触れられていない。この点については数年前から大阪市西成区で行っている調査を通して、今後熟成することができたらと思っている。これらの不在は欠如ではなく、何か今まで存在しなかった切り口で人間の活動を眺めたがゆえに生じたものである。

本書は青土社の永井愛さんのお誘いで実現した書物である。思いがけない形でご依頼をいただき、この数年間の通奏低音だったテーマを、形にすることができた。本にできるチャンスがあるとは思っていなかったのだが、ポリリズムという言葉がずっと私のなかにこびりついており、以前からいくつかのテキストで用いていたのだった。私にとっては『治癒の現象学』（講談社叢書メチエ、二〇一一年）以来一〇年ぶりに、哲学の文脈で考えてきたことを発表する機会となった。このことについて深く感謝している。本にまとめる作業を進めるなかで自分が何を考えていたのかを段々と整理していったため、ゲラになってから章立てを組みかえるなど多大なご苦労をおかけしてしまった。

精神医学と心理臨床に興味を持っていた時代に執筆した『治癒の現象学』は、空想と身体を軸にしていたがゆえにある意味で一人の人に閉じたところから対人関係を議論していた。ところがポリリズムを軸にしたときにはそもそも複数性のなかでしか議論ができない。個人のなかを貫く複雑なリズムも複数の人が織りなすリズムも質的な差異はない。複数の人が出会い、出会いのなかでそれぞれが変化していく、そういう場を考える切り口としてポリリズムが登場した。このことはこの一〇年のあいだ看護や福祉の現場に赴いて見えてきたことの概念化でもある。大事なことをたくさん教えてくださった対人援助職のみなさんに感謝したい。

第9章のジュネ論は『治癒の現象学』に載せたテキスト（初出は『ユリイカ』）を改稿して収めたものである。同じテキストを二度出版することに躊躇があったのだが、永井さんのあと押しもあり再録した（改訂は加えている）。許可いただいた講談社に御礼を申し上げたい。

そしてカバーには戦後の前衛を関西から牽引した具体美術協会で活躍した山崎つる子（1925-2019）の作品を用いた。カラフルでポリリズミックな作品に魅きつけられたのだ。山崎の作品に出会ったのは最近になって兵庫県立美術館でのことだったがＧＵＴＡＩの白髪一雄や田中敦子、吉原治良たちの作品は、学生時代から親しんでおり、彼らの持つ陽性のエネルギーに私はずっと鼓舞されてきた。

さて、本書で扱うことができなかった話題が他にもある。本書では音楽そのものについては論じなかった。ひとえに著者の能力不足ゆえにであるが、最後に少しだけ西洋音楽史に触れたい。

音楽——ポリリズムの音楽史

私がポリリズムを意識するようになったのは、学生時代にハンガリー出身の作曲家ジョルジュ・リゲティ（1923-2006）に親しむようになってからだ。リゲティから振り返った時にイメージする音楽の歴史は、次のようなものだ。

よく耳をそばだてると異質なリズムが繊細に絡み合っている、ブルックナー（1824-1896）の『交響曲第９番』（1896）が源流にいる。つづいて無調の音楽と、アメリカの民謡によるメロディーや遠くから聴こえる軍楽隊の響きといった異質な要素が併存する、アメリカの作曲家チャールズ・アイヴズ（1874-1954）の『ピアノソナタ第２番 コンコード・ソナタ』（1915）、『交響曲第４番』（1916）で、ポリリズムの音楽は実現した。同時期に活動したデンマークの作曲家ルーズ・ランゴー（1893-1952）の『天体の音楽』（1918）もまた、突然変異的なポリリズムの実現である。

ピアノロールを用いて機械的にポリリズムを実現したコンロン・ナンカロウ（1912-1997）は除くとしても、インドにもルーツがあるイギリスの作曲家ソラブジ（1892-1988）の複雑怪奇なピアノ曲を経て、リゲティの後期作品である『ピアノのためのエチュード』（1985-2001）、『ピアノ協奏曲』（1988）そして、『ヴァイオリン協奏曲』（1992）でポリリズムは方法として洗練された。

なかでもリゲティは、興味深い。初期の『アトモスフェール』（1961）や『ロンターノ』（1967）において試みた、満遍なく音を敷き詰めるトーン・クラスターが座標のないカオスを表現したとすると、後期のポリリズムによってかつてのカオスをポリリズムへと昇華したのだということもできる。トーン・クラスターのトポロジー変換としてポリリズムを捉えてもよい。というのも、驚くべきことに、リゲティの曲は年代ごとに技法が大きく変化するのにも関わらず、一聴してリゲティだとわかる一貫したスタイルが刻印されているからだ。

私はこのような、少々いびつな近現代の西洋音楽史を考えている。そしてここに挙げた曲は私が好んできたものでもある。専門知識があればポリリズムの音楽史が書けるだろうし、書いてくださる方がいたらぜひ読んでみたい。もちろんクラシック以外でもフリージャズから始まるインプロヴィゼーションやポストロックといったポリリズムの流れがあろう。あるいは文楽の義太夫と三味線のかけあいもポリリズムである。

音楽史上のこれらの試みは、人間の経験が持つ複雑さと複雑さが生み出す美を、十全に聴き手に教えてくれる。

ノイズ

本書がはっきり論じてこなかったもう一つのトピックはノイズである。カオスのテーマ系は音楽ではノイズとして登場する。

ノイズはもともとは楽音の外部を示すものだっただろうが、二〇世紀に入ってノイズは音楽に取り込まれ、ノイズとリズムとの境界線はあいまいになってきている。イタリアの未来派の画家・作曲家ルイージ・ロッソ（1885-1947）が一九一三年に発表した「騒音音楽」という論文が、この流れの出発点のようだ（ポール・ヘガティ『ノイズ／ミュージック　歴史・方法・思想　ルッソロから〇年代まで』27）。彼はノイズ・マシーンを製作するなどノイズの普及？　に努めた（同書28 sp.）。即興音楽やトーンクラスター、そして電子音楽とりわけムジーク・コンクレートを通過した現代においては、ノイズと楽音は対立するものではない。アンダーグラウンドノイズもある。その意味で、本書で提示した図式は古めかしいものに感じるかもしれないが、しかしノイズを楽音へと吸収する試みも、本書のような図式を出発として議論できるのではないだろうか。そして私たちを取り巻く社会環境自体がノイジーである現代においては、再度ノイズとリズムの対立を考え直す必要がでてくるだろう。このテーマは社会全体を考察する試みになるはずだ。

ケアの論理・社会制度・音楽をはじめとする文化事象といった一見すると異質に見える事象が

『交わらないリズム』の背景に拡がっている。今の時点では「論じなかった」不在として隠れているが、これはリズムから見た世界が今後展開していく地平そのものである。

二〇二一年　初夏の大阪にて

村上靖彦

初出一覧

プレリュード　書き下ろし

第１章　「ポリリズムとしての人間、メタリズムとしての治療者」（『文藝別冊 中井久夫』2017 年）

第２章　「共生の技法としての「あいだ」　虐待渦中にある親の回復プログラムを例に」（『現代思想』2016 年 11 月臨時増刊号）

第３章　「居場所とリズムのゆるみ」（『現代思想』2021 年 2 月号）

第４章　書き下ろし

第５章　「移行対象とタイミング」（小寺記念精神分析研究財団 2020 年度学際ワークショップ、2020/9/17、口頭発表）

第６章　「変化の触媒としての支援者」（日本精神病理学会、2016/10、会議報告／口頭発表）

第７章　書き下ろし

第８章　「われ歌うゆえにわれあり　ルソー、メロディとしての人間」（『現代思想』2012 年 10 月号）

第９章　「ノスタルジー　初期ジュネの非存在論」（『ユリイカ』2011 年 1 月号）

第 10 章　「現象学をベルクソン化する」（『ベルクソン『物質と記憶』を再起動する』書肆心水、2018 年）

第 11 章　「出来事と出会うための場を開く　マルディネ」（池田喬・合田正人・志野好伸共編『異境の現象学　〈現象学の異境的展開〉の軌跡 2019-2017』明治大学〈現象学の異境的展開〉プロジェクト、2018 年）

コーダ　書き下ろし

※書籍化にあたり大幅に加筆・修正を施した。

la langue et le théatre. Paris, Gallimard, Coll. Pléiade.
Seikkula J. & Arnkil T, E. (2014). *Open dialogues and anticipations: respecting otherness in the present moment*. National Institute for Health and Welfare.
Starobinski, J. (2006). *L'invention de la liberté 1700-1789 – suivi de Les emblèmes de la Raison*, Paris, Gallimard
Stern, D, N. (1985). *The interpersonal world of the infant: a view from psychoanalysis and developmental psychology*. Basic Books. (スターン『乳児の対人世界 理論編/臨床編』小此木啓吾、丸田俊彦監訳、神庭靖子、神庭重信訳、岩崎学術出版社、理論編：一九八九年、臨床編：一九九一年)
Stern, D, N. (2010). *Forms of vitality: exploring dynamic experience in psychology, the arts, psychotherapy, and development*. Oxford University Press.
Winnicott, D, W. (1965). *The Maturational Processes and the Facilitating Environment: Studies in the Theory of Emotional Development. London*: Routeledge. (ウィニコット『情緒発達の精神分析理論——自我の芽ばえと母なるもの』牛島定信訳、岩崎学術出版社、一九七七年)
Winnicott, D, W. (1971). *Playing and Reality*. London: Routeledge. (ウィニコット『遊ぶことと現実』改訳版、橋本雅雄訳、岩崎学術出版社、二〇一五年)
Winnicott, D, W. (1978). *Through Paediatrics to Psycho-Analysis*. London, The Hogarth Press and The Institute of Psycho-analysis. (ウィニコット『小児医学から精神分析へ——ウィニコット臨床論文集』北山修監訳、岩崎学術出版社、二〇〇五年)
Winnicott, D, W. (1989). *Psycho-analytic Explorations*. London: Karnac. (ウィニコット『精神分析的探究 1、2』稲村茂ほか訳、岩崎学術出版社、一九九八年)

Husserl, E. (1950). *Cartesianische Meditationen, Husserliana Band I*. Den Haag, M. Nijhoff.

Kant, I. (1790). *Kritik der Urteilskraft*. Hamburg, F. Meyer, coll. Philosophische Bibliothek. (カント『判断力批判』篠田英雄訳、岩波文庫、一九六四・一九九〇年)

Lacoue-Labarthe, Ph. (2002). *Poétique de l'histoire*. Paris, Galilée. (ラクー=ラバルト『歴史の詩学』藤本一勇訳、藤原書店、二〇〇七年)

Little, M. (1990). *Psychotic Anxieties and Containment: A Personal Record of n Analysis with Winnicott*. London: Jason Aronson. (リトル『ウィニコットとの精神分析の記録——精神病水準の不安と庇護』神田橋條治訳、岩崎学術出版社、一九九二・二〇〇九年)

Maldiney, H. (1973/1994). *Regard, parole, espace*. Lausanne: L'Âge d'Homme.

Maldiney, H. (1973). *L'aîtres de la langue et demeures de la pensée. Lausanne*: L'Âge d'Homme.

Maldiney, H. (1985). *Art et existence*. Paris: Klischeneck.

Maldiney, H. (1991). *Penser l'homme et la folie : a la lumière de l'analyse existentielle et de l'analyse du destin*. Jerome Millon.

Maldiney, H. (1993/2012). *L'art, L'éclaire de l'être*. Paris: Cerf.

Meltzoff, A, N., Moore, M, K. (1977). *Imitation of facial and manual gestures by human neonates*. Science.

Merleau-Ponty, M. (1945). *Phénoménologie de la perception*, Paris, Gallimard, Coll.

Oldenburg, Ray. (1989). *The Great Good Place: Cafes, Coffee Shops, Community Centers, Beauty Parlors, General Stores, Bars, Hangouts, and How They Get You Through the Day*. New York: Paragon House. (オルデンバーグ『サードプレイス——コミュニティの核になる「とびきり居心地よい場所」』忠平美幸訳、みすず書房、二〇一三年)

Rameau, J, -P. (1722). *Traité de l'harmonie réduite à ses principes naturels*. Paris: Jean-Baptiste- Christophe Ballard.

Richir, M. (1992). *Méditations phénoménologiques: phénoménologie et phénoménologie du language*. Jérôme Millon.

Rousseau, J, -J. (1995). *Œuvres complètes tome V, Écrits sur la musique,*

Bergson, H. (1907). *L'évolution créatrice*. Paris: PUF. (ベルクソン『創造的進化』合田正人、松井久訳、ちくま学芸文庫、二〇一〇年)

Bergson, H. (1911). *L'énergie spirituelle*. Paris: PUF. (ベルクソン『精神のエネルギー』原章二訳、平凡社、二〇一二年)

Bergson, H. (1938). *La pensée et le mouvant*. Paris: PUF. (ベルクソン『思考と動き』原章二訳、平凡社ライブラリー、二〇一三年)

Derrida, J. (1967). *De la Grammatologie*, Paris, Minuit. (デリダ『根源の彼方に——グラマトロジーについて』足立和浩訳、現代思潮社、一九七二年)

Fournier, V. (2015). *Puisqu'il faut bien mourir – Histiores de vie, histiores de mort: itinéraire d'une réflexion*. Paris: La Découverte.

Gendlin, E, T. (1981/2003). *Focusing – How to Gain Direct Access to Your Bodys Knowledge*. Rider.

Gendlin, E, T. (1996). *Focusing-oriented psychotherapy: A manual of the experiential method*. New York: Guilford. (ジェンドリン『フォーカシング指向心理療法 下——心理療法の統合のために』日笠摩子ほか訳、金剛出版、一九九九年)

Gendlin, E, T. (1997). "*How Philosophy Cannot Appeal to Experience, and How It Can*". in *Language Beyond Postmodernism – Saying and Thinking in Gendlin's Philosophy*. Evanston, Northern University Press.

Genet, J. (1953-1979). *Œuvres complètes III-V*. Paris, Gallimard.

Genet, J. (1977/2002). *Miracle de la rose*. Paris, Gallimard, coll. Folio.

Genet, J. (1982/2002). *Journal du voleur*. Paris, Gallimard, coll. Folio.

Genet, J. (1990). *Fragments... et autres textes*. Paris, Gallimard.

Guillaume, G. (1960 /1994). *Langage et science du langage*. Paris: Nizet, Québec: PU. Laval.

Havelock. E, A. (1963). *Preface to Plato*, Massachusetts. Harvard University Press. (ハヴロック『プラトン序説』村岡晋一訳、新書館、一九九七年)

Hegarty, P. (2007). *Noise/Music – A History*. Continuum International Publishing Group: London. (ヘガティ『ノイズ/ミュージック——歴史・方法・思想:ルッソロからゼロ年代まで』若尾裕、嶋田久美訳、みすず書房、二〇一四年)

メント』ころから
西村ユミ（2014）『看護師たちの現象学——協働実践の現場から』青土社
萩原朔太郎（1995）『猫町——他十七篇』清岡卓行編、岩波文庫
細川亮一（2007）『純化の思想家ルソー』九州大学出版会
本田美和子、イヴ・ジネスト、ロゼット・マレスコッティ（2014）『ユマニチュード入門』医学書院
増田真（2010）「ルソーにおける言語の問題」桑瀬章二郎編『ルソーを学ぶ人のために』世界思想社
宮野真生子、磯野真穂（2019）『急に具合が悪くなる』晶文社
村上靖彦（2008）『自閉症の現象学』勁草書房
村上靖彦（2013）『摘便とお花見——看護の語りの現象学』医学書院
村上靖彦（2016）『仙人と妄想デートする——看護の現象学と自由の哲学』人文書院
村上靖彦（2018）『在宅無限大——訪問看護師がみた生と死』医学書院
村上靖彦（2021）『子どもたちがつくる町——大阪・西成の子育て支援』世界思想社
西村ユミ（2016）『看護実践の語り——言葉にならない営みを言葉にする』新曜社
山下尚一（2012）『ジゼール・ブルレ研究——音楽的時間・身体・リズム』ナカニシヤ出版
ユージン・ジェンドリン（1999）『フォーカシング指向心理療法 下——心理療法の統合のために』日笠摩子ほか訳、金剛出版
よしもとばなな（2006）『デッドエンドの思い出』文春文庫

Agamben, G. (1995). *Il potere sovrano e la nuda vita——Homo Sacer*. Trino: Einaudi.（アガンベン『ホモ・サケル——主権権力と剥き出しの生』高桑和巳訳、以文社、二〇〇三年）
Benveniste, É. (1966/2014). *Problèmes de linguistique générale, I*. Paris: Gallimard.
Bergson, H. (1889). *Essai sur les données immédiates de la conscience*. Paris: PUF.（ベルクソン『意識に直接与えられたものについての試論』合田正人・平井靖史訳、ちくま学芸文庫、二〇〇二年）
Bergson, H. (1896). *Matière et Mémoire*. Paris: PUF.（ベルクソン『物質と記憶』杉山直樹訳、講談社学芸文庫、二〇一九年）

ジークムント・フロイト（2007）「日常生活の精神病理学 1901 年」『フロイト全集 7』岩波書店
ジークムント・フロイト（2008）「機知 1905 年」『フロイト全集 8』岩波書店
ジャック・ラカン（2005-2006）『無意識の形成物 上・下（セミナール 第５巻）』ジャック＝アラン・ミレール編、佐々木孝次、原和之、川崎惣一訳、岩波書店
ジャン＝ジャック・ルソー（1972）『人間不平等起源論』本田喜代治、平岡昇訳、岩波文庫
ジャン＝ジャック・ルソー（1986）『人間不平等起源論、言語起源論――発音について ルソー選集 6』原好男、竹内成明訳、白水社
ジャン・ジュネ（1967-1977）『ジャン・ジュネ全集 全 4 巻』一羽昌子ほか訳、新潮社
ジャン・ジュネ（1990）『泥棒日記』朝吹三吉訳、新潮文庫
ジャン・ジュネ（1999）『アルベルト・ジャコメッティのアトリエ』鵜飼哲編訳、現代企画室
ジャン・ジュネ（2002）『ブレストの乱暴者』澁澤龍彦訳、河出文庫
ジャン・ジュネ（2003）『葬儀』生田耕作訳、河出文庫
ジャン＝ポール・サルトル（1971）『聖ジュネ――殉教と反抗』白井浩司、平井啓之訳、新潮文庫
スコット・フィッツジェラルド（2006）『グレート・ギャツビー』村上春樹訳、中央公論新社
武満徹（2008）『武満徹エッセイ選――言葉の海へ』小沼純一編、ちくま学芸文庫
東畑開人（2019）『居るのはつらいよ――ケアとセラピーについての覚書』医学書院
トム・アンデルセン（2015）『リフレクティング・プロセス――会話における会話と会話』鈴木浩二監訳、金剛出版
中井久夫（1982/2014）『精神科治療の覚書』新版、日本評論社
中井久夫（1998）『最終講義――分裂病私見』みすず書房
中井久夫（2010）『統合失調症 1』みすず書房
中井久夫（2011）『「つながり」の精神病理』ちくま学芸文庫
中井正一（1981/1995）『中井正一評論集』長田弘編、岩波文庫
西川正（2017）『あそびの生まれる場所――「お客様」時代の公共マネジ

参考文献

芥川龍之介（1987）『芥川龍之介全集 6』ちくま文庫
芥川龍之介（2007）『芥川龍之介 ちくま日本文学 002』ちくま文庫
イヴ・ジネスト、ロゼット・マレスコッティ（2016）『「ユマニチュード」という革命――なぜ、このケアで認知症高齢者と心が通うのか』本田美和子監修、誠文堂新光社
井部俊子、村上靖彦編（2019）『現象学でよみとく専門看護師のコンピテンシー』医学書院
上間陽子（2018）『裸足で逃げる――沖縄の夜の街の少女たち』太田出版
上間陽子（2020）『海をあげる』筑摩書房
エドマンド・ホワイト（2003）『ジュネ伝 上、下』鵜飼哲、根岸徹郎、荒木敦訳、河出書房新社
エドムント・フッサール（2001）『デカルト的省察』浜渦辰二訳、岩波文庫
エミール・バンヴェニスト（2013）『言葉と主体――一般言語学の諸問題』前島和也，川島浩一郎訳、岩波書店
小田切光隆（2003）「ジャン＝ジャック・ルソー『言語起源論』の神話的読解」『上智大学仏語・仏文学論集』第 37 巻
小田部胤久（2009）『西洋美学史』東京大学出版会
梶井基次郎（1967）『檸檬』新潮文庫
上岡陽江、大嶋栄子（2010）『その後の不自由――「嵐」のあとを生きる人たち』医学書院
木村敏（1981）『自己・あいだ・時間――現象学的精神病理学』弘文堂
木村敏（1988/2005）『あいだ』ちくま学芸文庫
木村敏（2001）『形なきものの形を求めて 木村敏著作集 8』弘文堂
熊谷晋一郎（2020）『当事者研究――等身大の「わたし」の発見と回復』岩波書店
近藤譲（1979）『線の音楽』朝日出版社
近藤譲（2004）『「音楽」という謎』春秋社
齋藤陽道（2018）『声めぐり』晶文社
齋藤陽道（2018）『異なり記念日』医学書院

マルディネ、アンリ　24, 27, 71, 73, **245**, **248**, 249-251, 253, 254, 256-258, 260-264, 266, 267, 269
メロディー　9, 11, 21, 23, 60, 128, 131, 136, 137, 160, **163**, **164**, 167-171, 173-175, **177**, 178-182, 189, 190, **192**, 197, 216, 222-224, 249, 251, 271, 275, 277, 279

や　行

よしもとばなな　72, 73, 81, 82

ら　行

ラモー、ジャン＝フィリップ　**177**, 178, 179, 189
ランゴー、ルーズ　279
リゲティ、ジェルジュ　61, 279, 280
リズムの場　22, **39**, 41-45, 49, 58, 63, 64, 74, 139, 171
リズムのゆるみ　22, 64, **65**, **70**, 72, 74, 75, 85-88, 122, 168, 171, 174
ルソー、ジャン＝ジャック　23, 164, 175, **177**, 178-185, 189, 191-194, 198, 214, 239

身体の余白　23, **89**, **93**, 108-111, 119, 121, 139, 153, 160, 181, 201, 202, 215, 216, 269, 271, 274, 275
スタロバンスキー、ジャン　183
スターン、ダニエル　**20**, 21, 22
すれ違い　92, 111, 139, 154
切断　39, 209, 211-216, 228, 273, 274
潜在（潜在性）　62, 202, 233, **237**, 241, 242
〈そこ〉　24, 156, 250, 253, 254, 265-269, 173
ソラブジ、カイホスルー　280

た　行
タイミング　9, 23, 53, 55, 57, 58, 60, 61, 88, **89**, 90-92, 108, 109, **113**, 130, 136, 137, 144-146, 148, 149, 154, 156, 157, 262, 269, 271-273
武満徹　50, 86
地平　**237**, 239, **240**, 241-243, 266
沈黙　51, 57, **85**, 86, 87, **173**, 174, 174
通奏低音　**76**, 77, 78, 96, 178, 278
出会い（出会う）　9, 10, 16, 30, 37, 44, 47, 52, 55, 58, **89**, 90, 92, 107, 111, 121-123, 145, 146, 153-156, 160, 164, 172, 175, 192, 200, 216, 240, 241, 245, 248, 249, 257, 261, 266, 269, 271-273, 277-279
テイラー、セシル　61
テンポ　10, 41, 73-75, 77, 138, 140, 231, 274
東畑開人　68, 70, 141, 143

な　行
中井久夫　22, 26, **33**, 34, 36, 37, 41, 43, 45, 46, 58, 74, 91
中井正一　10
ナンカロウ、コンロン　280
西野伸一　79-80

は　行
萩原朔太郎　**245**, 274
バンヴェニスト、エミール　13-15, 77, 260, 263
ファン＝エイク、ヤン　**26**, **28**, 30, 31, 254
フィッツジェラルド、スコット　**37**, 38
ブルックナー、アントン　279
ベースのリズム　43, 45, 54, 55, 58, 77, 78, 256, 257
ベルクソン、アンリ　23, 139, 184, **219**, 220-224, 226-228, 231-243, 275
ペルゴレージ、ジョバンニ　**177**, 178, 179, 193
変化の支点　23, **152**, 156, 157, 160, 216, 259, **264**, 266, 267, 269, 273
変化の触媒　23, **129**, 140, **147**, 149, 152, 154, 157, 158, **159**, 160, 273
細川亮一　185
ホールディング　119-121, 123, 126, 129, 130, 145, 151, 159, 168, 253, 254

ま　行
増田真　183

索引

※ボールドは章タイトル・見出し

あ行

アイヴズ、チャールズ　61, 279
芥川龍之介　23, 39-41, 92, 93, **94**, 108, 110, 206
移行対象　107, **113**, 114, **123**, **129**, 130, 134, 136, 137, 139, 140, 142, **144**, 145, 146, 156, 160, 168, 254
イマージュ（イメージ）　164, 167, 187, 190, 200, 201, 206, **228**, **231**, 232-237, 239, 279
「意味」　**188**, 189-195, 198, 201, 204, 212
ウィニコット、ドナルド　22, 70, 74, 87, 113, 114, 117, 119, 121, 123, 136, 139, 151, 159, 168, 205, 253, 254
歌　23, 164, 165, 166-171, 174, 175, **177**, 179-181, **182**, 184, 186-195, **197**, 198-203, **204**, 206-208, **209**, 210-216, 239, 271, 273, 274
小倉拓哉　71

か行

カオス　11, 75, 76, 85, 243, **245**, 247, 248, **250**, 251-254, 256, **258**, 260, 262-265, 269, 274, 280, 281
梶井基次郎　252, 274
形　14-16, 19-21, 23, 74, 77, 177, 220, 227, **231**, 233, 235-237, 249, 250, 252-254, 256, **258**, 259-261, **262**, 263, 264,268, 269, 271, 272, 274
川辺康子　81
木村敏　22, 26, 46, **47**, 48-51, 53-55, 57, 58, 60, 62, 75
クライン、メラニー　119, 121, 123
現象学　**15**, 16, 23, 47, 181, 184, **219**, 220, 221, 224, 226-228, 230, 233, 237, 238, 243, 248
声　22, 23, 57, 60-64, 82, 84, 144, **165**, 166-168, **170**, 172, **173**, 174,175, 180, 181, **182**, **184**, 185, 186, 188, 195, 215, 271
孤立（孤独）　23, 67, 82, 83, 91, 145, 159, 182, 184, 186, 198-202, 204-206, 209, **212**, 213, **214**, 215, 216, 240, 273, 274
コールマン、オーネット　61
近藤譲　191

さ行

齋藤陽道　23, 164-168, 170, 172, 173, 175, 188, 233, 274
ジェンドリン、ユージン　234, 235
ジュネ、ジャン　23, 195, **197**, 198-216, 274
死角　94, 96-99, 104-106, 108, 110, 272
荘保共子　75

村上靖彦（むらかみ・やすひこ）
1970年生まれ。基礎精神病理学・精神分析学博士（パリ第七大学）。現在、大阪大学大学院人間科学研究科教授。専門は現象学的な質的研究。
著書に『ケアとは何か』（中公新書、2021）、『子どもたちのつくる町』（世界思想社、2021）、『在宅無限大』（医学書院、2018）、『母親の孤独から回復する』（講談社、2017）、『仙人と妄想デートする』（人文書院、2016）、『傷と再生の現象学』（青土社、2011）、『自閉症の現象学』（勁草書房、2008）などがある。

交わらないリズム
——出会いとすれ違いの現象学

2021年6月30日　第1刷印刷
2021年7月7日　第1刷発行

著　者　村上靖彦
発行者　清水一人
発行所　青土社
101-0051　東京都千代田区神田神保町1-29　市瀬ビル
電話　03-3291-9831（編集部）　03-3294-7829（営業部）
振替　00190-7-192955

装　幀　重実生哉
装　画　山崎つる子《作品》1963年　ラッカー・布、板　153×183.3cm
山村コレクション　兵庫県立美術館所蔵
印刷・製本　双文社印刷

ISBN978-4-7917-7390-9 C0010　Printed in Japan